Motivierende Gesprächsführung bei Menschen mit Intelligenzminderung

Barbara Metzger

Motivierende Gesprächsführung bei Menschen mit Intelligenzminderung

Eine empathische Methode zur Unterstützung positiver Verhaltensänderungen

Springer

Barbara Metzger
München, Deutschland

ISBN 978-3-662-70836-1 ISBN 978-3-662-70837-8 (eBook)
https://doi.org/10.1007/978-3-662-70837-8

Die Deutsche Nationalbibliothek verzeichnet diese Publikation in der Deutschen Nationalbibliografie; detaillierte bibliografische Daten sind im Internet über https://portal.dnb.de abrufbar.

Planung/Lektorat: Wiebke Wuerdemann
Springer ist ein Imprint der eingetragenen Gesellschaft Springer-Verlag GmbH, DE und ist ein Teil von Springer Nature.
Die Anschrift der Gesellschaft ist: Heidelberger Platz 3, 14197 Berlin, Germany

Ein sehr großer Dank geht an Irmgard Metzger für das Lektorat und die inhaltliche Beratung!

Vorwort

Liebe Leserin, lieber Leser,

in unserer heutigen Welt sind Begriffe wie Inklusion und Teilhabe allgegenwärtig. Dennoch stoßen Menschen mit Intelligenzminderung im Alltag weiterhin auf zahlreiche Hürden – auch und gerade im Bereich der (sozial)therapeutischen Versorgung. Dabei haben sie mindestens genauso viele Probleme wie Menschen ohne Intelligenzminderung und erwiesenermaßen eine vielfach höhere Vulnerabilität für psychische Erkrankungen. Dieses Buch möchte eine Brücke schlagen, um diese Versorgungslücke zu schließen. Es widmet sich der Anwendung der „*Motivierenden Gesprächsführung*" bei Menschen mit Intelligenzminderung und beschreibt dabei, wie sich dieser personenzentrierte und wissenschaftlich fundierte Ansatz speziell auf die Bedürfnisse dieser Menschen anpassen lässt.

Die *Motivierende Gesprächsführung* wurde ursprünglich für die Arbeit mit Suchtpatienten entwickelt und hat sich seither in unterschiedlichsten Kontexten als äußerst effektiv erwiesen. In einer empathischen Atmosphäre des Vertrauens, fern von Druck und Zwang, werden Menschen darin unterstützt, ihre eigene Veränderungsmotivation zu entdecken und zu stärken. Gerade für Erwachsene mit Intelligenzminderung, die häufig vor besonderen Herausforderungen im Alltag stehen, stellt die *Motivierende Gesprächsführung* eine wertvolle Methode dar, um Schritte zur Veränderung zu wagen und die eigene Lebensqualität nachhaltig zu verbessern.

Mein Anliegen ist es, mit diesem Buch eine Ressource für Fachkräfte und Angehörige gleichermaßen bereitzustellen, die sowohl wissenschaftlich fundiert als auch praxisnah ist. Es soll dazu beitragen, dass Erwachsene mit Intelligenzminderung durch ein empathisches und respektvolles Gesprächsklima die Zuversicht gewinnen, ihre eigenen Entscheidungen treffen zu können und ihre dadurch entstandene Veränderungsmotivation nachhaltig in die Tat umzusetzen. Die Methode der *Motivierenden Gesprächsführung* eignet sich besonders gut für veränderungsresistente Klienten, da sie die innere Motivation auf sanfte Weise weckt und ihnen die Zuversicht gibt, eigene Ziele zu verfolgen und umzusetzen.

Ich lade Sie ein, dieses Buch als Begleiter zu nutzen, um die Prinzipien und Techniken der *Motivierenden Gesprächsführung* zu entdecken und in der Praxis anzuwenden. Möge es Ihnen Inspiration und Unterstützung bieten und dazu beitragen, dass wir alle Menschen in ihrer Einzigartigkeit und Würde sehen und ihnen auf ihrem Weg zur Entfaltung ihres Potenzials professionell zur Seite stehen können.

Herzlichst,

München, Deutschland
November 2024

Barbara Metzger

Competing Interests

Der/die Autor*in hat keine für den Inhalt dieses Manuskripts relevanten Interessenkonflikte.

Inhaltsverzeichnis

Über den Autor

Barbara Metzger geboren 1982 in München, ist Psychologin mit einem Master in klinischer Psychologie. Zusätzlich hat sie ein Diplom in Sozialpädagogik mit dem Schwerpunkt der Arbeit mit Menschen mit Behinderung.

Sie ist in München therapeutisch zugelassen und befindet sich derzeit in der Weiterbildung zur Lerntherapeutin und zur systemischen Beraterin. Zusätzlich ist sie zertifiziert in klientenzentrierter Gesprächstherapie, Motivierender Gesprächsführung und Focusing. Außerdem hat sie eine zweijährige Fachweiterbildung zur Begleitung von Menschen mit Intelligenzminderung und zusätzlichen psychischen Erkrankungen abgeschlossen.

Barbara Metzger ist seit über 20 Jahren in den verschiedensten Bereichen der Behindertenhilfe tätig. Ihre beruflichen Stationen umfassen u. a. Tätigkeiten in der ambulanten sowie stationären Versorgung, in Werkstätten für Menschen mit Behinderung, in der inklusiven Erwachsenenbildung, in einer Förderschule, in der Kinder- und Jugendarbeit und im Fachdienst eines überregionalen Kostenträgers der Eingliederungshilfe.

Einführung

1

Zusammenfassung

Menschen mit Intelligenzminderung haben eine erhöhte Vulnerabilität für gesundheitliche, psychische und soziale Probleme. Gleichzeitig sind sie therapeutisch unterversorgt, da sie aufgrund ihrer kognitiven Einschränkungen speziell angepasste Angebote benötigen. Dabei wäre dieser Personenkreis therapeutisch gut erreichbar: Bereits bestehende Therapie- und Beratungskonzepte können gut an die speziellen Bedürfnisse dieser Klientel angepasst werden. Dieses Buch soll einen Beitrag dazu leisten, diese Lücke zu schließen indem es die Motivierende Gesprächsführung (Motivational Interviewing von William R. Miller und Stephen Rollnick, 2015) vorstellt und spezielle Anpassungen für Menschen mit Intelligenzminderung vorschlägt. Die ursprünglich für Suchtkranke entwickelte Methode eignet sich sehr gut, um positive Verhaltensänderungen bei Menschen mit kognitiven Einschränkungen zu unterstützen. Es ist eine empathische und sanfte Methode zur Förderung von Veränderungsmotivation bei Erwachsenen mit Intelligenzminderung, die ohne Druck und Zwang auskommt.

1.1 Zur Situation der therapeutischen Versorgung von Menschen mit Intelligenzminderung

Motivierende Gesprächsführung ist eine hoch strukturierte Gesprächsmethode, welche zu Beginn der 80er-Jahre von den Psychologen William R. Miller und Stephen Rollnick entwickelt wurde. Die Methode richtete sich ursprünglich an suchtkranke Menschen. Im Laufe der Zeit hat sich jedoch gezeigt, dass sie auch in vielen anderen Bereichen erfolgreich eingesetzt werden kann. Das hier vorliegende Buch beschreibt die Einsatzmöglichkeit der Motivierenden Gesprächsführung bei Menschen mit Intelligenzminderung.

B. Metzger, *Motivierende Gesprächsführung bei Menschen mit Intelligenzminderung*, https://doi.org/10.1007/978-3-662-70837-8_1

Die Angaben darüber, wie viele Menschen mit kognitiver Einschränkung in Deutschland leben, schwanken stark. Special Olympics Deutschland (2024) spricht von ca. 320.000 Menschen mit „geistiger Beeinträchtigung". Sappok et al. (2019) beziffern die Personengruppe der Menschen mit „geistiger Behinderung" auf ca. 1,5 Mio. Menschen. Seidel (2014) gibt an, dass die Prävalenz für „Intelligenzminderung" laut WHO zwischen geschätzten 1–3 % der Gesamtbevölkerung liegt, was gemessen an der Einwohnerzahl Deutschlands (Stand 2024) einer Zahl von ca. 834.000–2.503.500 entsprechen würde. Diese Unterschiede in den Zahlen erklären sich aus der Unschärfe des Behinderungsbegriffs: So gibt es zum einen erworbene kognitive Einschränkungen (beispielsweise durch Demenzen oder Schädel-Hirn-Traumata) und zum anderen angeborene Intelligenzminderungen. Bei den angeborenen Intelligenzminderungen wiederum finden sich unterschiedliche Ausprägungen der Schweregrade (zur Begriffsbestimmung, Definition und Einordnung der Intelligenzminderung siehe auch Abschn. 3.1). Je nachdem, welche dieser Gruppen und Ausprägungen man statistisch berücksichtigt, ergeben sich die oben genannten unterschiedlichen Zahlen.

Trotzdem wird deutlich, dass es sich durchaus um einen großen Kreis an Menschen handelt, die in irgendeiner Form von kognitiven Einschränkungen betroffen sind. Die hier vorgestellte Adaption der Gesprächsmethode der Motivierenden Gesprächsführung bezieht sich in erster Linie auf den Einsatz bei Menschen mit angeborener Intelligenzminderung.

Es ist vielfach untersucht worden und gilt mithin als erwiesen, dass diese Menschen eine erhöhte Vulnerabilität für alle Arten von Problemen haben. Diese reichen von einer höheren Mortalität über eine höhere Anfälligkeit für Erkrankungen bis hin zu sozialen und psychischen Problemen jeder Art (Boehlke, 2001). Viele Autoren haben beispielsweise gezeigt, dass Menschen mit einer angeborenen Intelligenzminderung eine drei- bis fünfmal höhere Wahrscheinlichkeit für das Auftreten psychischer Erkrankungen aufweisen als nichtbehinderte Menschen (Došen, 2010; Ineichen, 1984).

Gleichzeitig ist eine saubere Diagnostik ebendieser Krankheiten im Vergleich zu nichtbehinderten Menschen deutlich erschwert. Dies liegt unter anderem daran, dass die gängigen Diagnoseinstrumente häufig nicht auf diese spezielle Zielgruppe angepasst sind, und dass es durch „Underreporting" (Menschen mit Intelligenzminderung können ihre Befindlichkeit nicht so gut verbalisieren und mitteilen) und „Diagnostic Overshadowing" (Psychische Auffälligkeiten gehen in den sonstigen „Auffälligkeiten" unter – „das gehört zur Behinderung") oftmals ohnehin nicht zur Diagnostik kommt (Došen, 2010; Schmid & Meir, 2014).

Sucht man nach therapeutischen und pädagogischen Zugangswegen und Verfahren, die auf die besonderen Bedürfnisse und Anforderungen, die dieser Personenkreis an den Therapeuten stellt, angepasst sind, wird man schnell enttäuscht. Traurige Tatsache ist, dass es sich bei dem Personenkreis der erwachsenen Menschen mit angeborener Intelligenzminderung um eine Gruppe handelt, die therapeutisch unterversorgt ist, und die in der wissenschaftlichen Forschung eine vergleichsweise untergeordnete Rolle spielt (Schmude & Tenner-Paustian, 2006).

Mag es für Kinder mit angeborener Intelligenzminderung zwar noch vielfältige Angebote der Frühförderung und verhaltenstherapeutische Trainings geben, so gilt dies für erwachsene Menschen mit Intelligenzminderung mitnichten. Beratungsstellen, aber auch psychotherapeutische Praxen lehnen diese Klienten oft ab. Dies geschieht nicht aus Desinteresse, sondern weil es den dort vertretenen Professionen schlichtweg an Erfahrung und Methoden fehlt, die sie im Umgang mit dieser Klientel wirksam einsetzen könnten (Hurley et al., 1998; Schmude & Tenner-Paustian, 2006). Spezialeinrichtungen für Menschen mit Intelligenzminderung beschäftigen zwar Fachpersonal, aber auch diesem mangelt es häufig an strukturierten Methoden. Oft findet im Alltag eine Pädagogik Anwendung, die man eher aus der Kinder- und Jugendarbeit kennt und die hauptsächlich auf Erziehung und Verstärkereinsatz beruht. Dieser pädagogische Zugang missachtet jedoch das tatsächliche Lebensalter und die damit verbundene Lebenserfahrung und intuitive Weisheit der erwachsenen Klienten, sowie deren Wunsch nach Selbstbestimmung und würdevoller, respektvoller Behandlung auf Augenhöhe.

Dass es kaum spezialisierte Angebote gibt, liegt unter anderem an den besonderen Bedürfnissen und Herausforderungen, die eine beraterische oder therapeutische Arbeit mit diesem Personenkreis an die Klienten und die Behandler stellt. Diese reichen von der fehlenden Barrierefreiheit und der eingeschränkten Kommunikationsfähigkeit bis hin zum Eingebundensein in verschiedene Zwangskontexte und die begrenzten kognitiven Möglichkeiten des Klientels (s. Abschn. 3.1) (Hurley et al., 1998; Schmude & Tenner-Paustian, 2006). Hinzu kommt, dass die Klienten häufig nur wenig bis gar kein Problembewusstsein für ihre eigene Situation haben, und demzufolge bisweilen nur eine schwach ausgeprägte innere Motivation zur therapeutischen Arbeit an sich selbst mitbringen. Viele der Menschen mit Intelligenzminderung sind zudem stark im Hier-und-Jetzt verankert und richten ihr Verhalten am Prinzip der Lustmaximierung aus, weniger jedoch an dem der Vernunft oder des nachhaltig gesundheitsbewussten Lebensstils. Viele therapeutische oder beraterische Methoden setzen aber eine gewisse Reflexionsfähigkeit und Eigenmotivation voraus und scheitern dadurch bereits von Anfang an.

Hoch vulnerable Klienten mit geringer Introspektionsfähigkeit und gering ausgeprägter Veränderungsmotivation treffen also in ihrer Not auf ein überfordertes Versorgungssystem, dem gezielte Verfahren zur Bewältigung dieser Problemlagen fehlen.

Die Motivierende Gesprächsführung kann ein Baustein sein, um diese therapeutische Lücke zu schließen. Es handelt sich dabei um ein Verfahren, welches sich aufgrund seiner hohen Strukturierung und des klientenzentrierten Ansatzes hervorragend für die Arbeit mit Menschen mit Intelligenzminderung eignet. Es gibt konkrete Methoden und aufeinander aufbauende Handlungsschritte vor, die zum Ziel haben, in nahezu veränderungsresistenten Klienten eine intrinsische und nachhaltige Motivation zur Verhaltensänderung zu erwecken.

Wie bereits erwähnt, ist diese schwach ausgeprägte Motivation zur Anpassung oder Änderung des eigenen Verhaltens charakteristisch für viele Menschen mit Intelligenzminderung. Oft sehen sie nicht die Notwendigkeit oder den eigenen Vorteil darin, ihr Verhalten anzupassen oder sie sind bereits im Vorfeld von der Unüberwindbarkeit der Hindernisse derart abgeschreckt, dass sie es gar nicht erst versuchen.

Die Beispiele hierfür sind ganz alltäglich:

- Herr K. vermeidet die Zahnhygiene und den Besuch beim Zahnarzt, leidet aber gleichzeitig bereits unter höllischen Zahnschmerzen.
- Herr L. meidet den Umzug in ein ambulant betreutes Wohnangebot, obwohl er die Selbstständigkeit dazu besäße, leidet aber gleichzeitig unter der Unterforderung im Wohnheim, in dem er lebt.
- Frau E. möchte nicht aufhören zu rauchen, obwohl sie bereits die ersten ernsthaften Begleiterscheinungen hat und ärztlich ermahnt wurde.
- Frau J. liebt Süßigkeiten, leidet aber unter Diabetes.
- Frau W. verweigert die Einnahme ihrer Medikamente und riskiert dadurch gesundheitliche Schäden.
- Herr E. trinkt täglich ein bis zwei Flaschen Wein. Deshalb droht ihm der Verlust seines Arbeitsplatzes, und er wird sozial ausgegrenzt.

In diesem Buch geht es also um professionelle Wege der Kommunikation über notwendige Verhaltensänderungen mit erwachsenen Menschen, die kognitiv eingeschränkt sind, und die sich aufgrund von ungesunden, problematischen oder selbstschädigenden Verhaltensweisen in einer Problemsituation befinden.

Die Kommunikation über solch heikle Themen kann für Klienten sehr unangenehm und für Berater sehr anspruchsvoll sein. Dies gilt insbesondere dann, wenn die Klienten aufgrund ihrer Intelligenzminderung hinsichtlich ihrer kommunikativen und kognitiven Möglichkeiten eingeschränkt sind. Aus diesem Grund muss man als Berater die besondere Lebenswelt dieser Menschen berücksichtigen, und die Methode an einigen Stellen an die speziellen Bedürfnisse dieser Klientel anpassen.

Ein Vorschlag einer solchen Adaptierung der Motivierenden Gesprächsführung wird in diesem Buch ausführlich vorgestellt. Sie ist praxiserprobt und hat sich in zahlreichen Einzelfällen als wirksam erwiesen. Sie hat keine schädlichen Nebenwirkungen und ist relativ leicht zu verstehen und zu erlernen.

Durch die empathische Grundhaltung ist dieses Verfahren nonkonfrontativ und kommt ohne Zwang und Druck aus. Richtig angewendet wird diese Methode demnach weder für den Klienten noch für den Berater unangenehm sein, sondern zu einer positiven persönlichen Entwicklung und – im besten Falle- einer nachhaltigen positiven Verhaltensänderung und dadurch zu mehr Lebensqualität führen.

1.2 Aufbau des Buches und Lesehinweise

Weil die Methoden der Motivierenden Gesprächsführung vergleichsweise einfach zu erlernen sind, richtet sich dieses Buch ausdrücklich nicht nur an Psychologen und Therapeuten. Die hier skizzierten Techniken können grundsätzlich von jedem angewendet werden, der in der Betreuung von Menschen mit Intelligenzminderung tätig ist. Auch Familienangehörige können von dieser Form der Gesprächsführung profitieren.

Die Struktur des Buches wird im Wesentlichen der Struktur des Gesprächsverlaufs in seinen einzelnen Bausteinen folgen. Begleitend werden dabei immer wieder typische Fallbeispiele vorgestellt, anhand derer die theoretischen Bausteine praktisch begreifbar gemacht werden. Diese Fallbeispiele sind aus der langjährigen Praxis der Autorin inspiriert, wurden aber aus didaktischen Gründen teilweise verkürzt oder fiktiv erweitert. Alle Namen wurden anonymisiert.

Überblick: Aufbau des Buches

Im 2. Kapitel wird die Motivierende Gesprächsführung überblicksartig vorgestellt. Ein besonderer Schwerpunkt liegt dabei auf der Grundhaltung der Methode.

Im 3. Kapitel wird der Bezug zum Personenkreis der Menschen mit Intelligenzminderung hergestellt, worauf dann im 4. Kapitel eine Darstellung der vier Prozessphasen der motivierenden Gesprächsführung erfolgt.

Im 5. Kapitel werden die Basistechniken eingeführt, die der Berater in der Gesprächsführung mit seinen Klienten einsetzen sollte, bevor sich das 6. Kapitel dem Thema „Widerstand" widmet und spezielle Methoden vorstellt, die den Umgang mit Widerstand erleichtern.

Das Kap. 7 greift weitere Besonderheiten im Einsatz der Methode bei Menschen mit Intelligenzminderung auf, und Kap. 8 gibt weiterführende Informationen zu den Grenzen und zur erforschten Wirksamkeit der Methode sowie dazu, wo und wie man weiterführende Trainings, Kongresse und Online-Ressourcen finden kann.

Dem Kapitel Acht vorgreifend sei im Rahmen dieser Einführung kurz angemerkt, dass dieses Verfahren natürlich auch seine Grenzen hat. Trotz ihres einfachen Aufbaus setzt die motivierende Gesprächsführung ein gewisses Maß an verbaler Ausdrucksfähigkeit und an kognitiven Fähigkeiten beim Klienten voraus. Je ausgeprägter die Einschränkungen des Klienten sind, desto weniger gut wird auch die Methode funktionieren. Bei Menschen mit einer Lernbehinderung oder einer leichten Intelligenzminderung (IQ 50–85) kann sie daher empfohlen werden. Bei Menschen mit einer mittelgradigen Intelligenzminderung (IQ 35–50) sind Einschränkungen in der Effektivität zu erwarten. Ab einer schweren Intelligenzminderung (IQ < 35) sollten andere Methoden zum Einsatz kommen (z. B. Prätherapie nach G. Prouty- s. Abschn. 8.1).

Des Weiteren ist diese Methode nicht zum therapeutischen Einsatz bei schweren manifesten psychiatrischen Erkrankungen (Ausnahme Suchterkrankungen) geeignet. Insbesondere im Rahmen eines psychotischen Schubes, beim Vorliegen einer bipolaren Störung, bei schweren Persönlichkeitsstörungen sowie schweren affektiven Störungen wird eine Überleitung an spezialisierte Ärzte und Psychotherapeuten empfohlen. Bei Menschen aus dem Autismus-Spektrum kann keine eindeutige Aussage getroffen werden, da dieser Personenkreis erfahrungsgemäß sehr heterogen ist und unterschiedlich gut auf die Methode der Motivierenden Gesprächsführung anspricht. Ein Versuch lohnt sich hier auf jeden Fall.

Lesehinweise
In diesem Buch wird aus Gründen der besseren Lesbarkeit ausschließlich das generische Maskulinum verwendet. Diese Entscheidung dient der sprachlichen Vereinfachung und ist keinesfalls wertend zu verstehen. Selbstverständlich sind stets alle Geschlechter gleichermaßen angesprochen. Der Autorin ist die Bedeutung einer inklusiven Sprache bewusst, jedoch wird um Verständnis für die gewählte Schreibweise gebeten.

Zur Bezeichnung der angesprochenen Klientengruppe wird die Begrifflichkeit der „Menschen mit Intelligenzminderung" verwendet, womit man sich an der Sprachregelung der Weltgesundheitsorganisation orientiert. Dies hat rein pragmatische Gründe und soll weder etikettierend noch diskriminierend verstanden werden. Zum Überblick über sonstige mögliche Definitionen des Behinderungsbegriffs und die damit zusammenhängende Kontroverse wird die Lektüre des Abschn. 3.1 empfohlen.

Literatur

Boehlke, E. (2001). Ärztlich-medizinische Aspekte der Krisenintervention bei Menschen mit geistiger Behinderung. In E. Wüllenweber & G. Theunissen (Hrsg.), *Handbuch Krisenintervention – Hilfen für Menschen mit geistiger Behinderung – Theorie, Praxis, Vernetzung* (S. 235–256). Kohlhammer.

Došen, A. (2010). *Psychische Störungen, Verhaltensprobleme und intellektuelle Behinderung*. Hogrefe.

Hurley, A. D., Tomasulo, D. J., & Pfadt, A. G. (1998). Individual and group psychotherapy approaches for persons with mental retardation and developmental disabilities. *Journal of Developmental and Physical Disabilities, 10*(4), 365–386. https://doi.org/10.1023/A:1021806605662

Ineichen, B. (1984). Prevalence of mental illness among mentally handicapped people: Discussion paper. *Journal of the Royal Society of Medicine, 77*, 761–765. https://doi.org/10.1177/014107688407700911

Miller, W. R., & Rollnick, S. (2015). *Motivierende Gesprächsführung* (3. Aufl.). Lambertus.

Sappok, T., Diefenbacher, A., & Winterholler, M. (2019). Medizinische Versorgung von Menschen mit Intelligenzminderung. *Deutsches Ärzteblatt, 116*, 809–816. https://doi.org/10.3238/arztebl.2019.0809

Schmid, H., & Meir, S. (2014). Strukturelle und methodologische Besonderheiten in der Diagnostik bei geistig Behinderten. In C. Schanze (Hrsg.), *Psychiatrische Diagnostik und Therapie bei Menschen mit Intelligenzminderung* (2. Aufl., S. 30–33). Schattauer.

Schmude, M., & Tenner-Paustian, Y. (2006). Einleitung: Nicht therapiefähig? In M. Schmude & Y. Tenner-Paustian (Hrsg.), *Nicht therapiefähig? Therapie für Menschen mit geistiger Behinderung* (S. 7–9). Verlag allgemeine Jugendberatung.

Seidel, M. (2014). Menschen mit Intelligenzminderung in Deutschland: Statistik, Lebenswelten, Hilfesysteme und Sozialrecht. In C. Schanze (Hrsg.), *Psychiatrische Diagnostik und Therapie bei Menschen mit Intelligenzminderung* (2. Aufl., S. 6–17). Schattauer.

Special Olympics Deutschland e.V. (2024). *Menschen mit geistiger Beeinträchtigung*. https://specialolympics.de/informieren/ueber-geistige-behinderung. Zugegriffen am 18.06.202

Motivierende Gesprächsführung (MI) im Überblick

2

Zusammenfassung

Motivierende Gesprächsführung (MI) ist eine klientenzentrierte, wissenschaftlich validierte Gesprächstechnik, die ursprünglich für die Suchttherapie entwickelt wurde, sich aber inzwischen auch in zahlreichen anderen Kontexten bewährt hat. Der zentrale Fokus von MI liegt auf der Stärkung der Autonomie und des Selbstwirksamkeitsempfindens des Klienten und dem sanften Erwecken einer intrinsischen Motivation zur Veränderung von negativem oder selbstschädigendem Verhalten. Durch einen strukturierten Ablauf und gezielte Methoden wird der Klient in seiner Entscheidungsfreiheit bestärkt und gleichzeitig dazu angeleitet, die tieferliegenden Gründe für sein selbstschädigendes Verhalten zu hinterfragen. Das Ziel ist es, den Klienten ohne Druck und Zwang zu einer Verhaltensänderung zu führen, die aus ihm selbst heraus entsteht und dadurch nachhaltig beibehalten werden kann. Im Kapitel wird auf die grundlegenden Prinzipien von MI eingegangen. Ein zentrales Element von MI ist beispielsweise die Annahme einer inneren Ambivalenz in Bezug auf mögliche Verhaltensänderungen. Außerdem wird die Grundhaltung thematisiert, die der Berater im MI einnehmen soll. Besondere Aufmerksamkeit gilt dabei der Empathie, die im Gegensatz zu einer belehrenden, konfrontativen Herangehensweise steht. MI ist eine relativ leicht erlernbare Methode, die nicht nur von Fachkräften, sondern auch von Laien angewendet werden kann.

B. Metzger, *Motivierende Gesprächsführung bei Menschen mit Intelligenzminderung*, https://doi.org/10.1007/978-3-662-70837-8_2

2.1 Allgemeine Einführung

„Motivierende Gesprächsführung“ (MI) ist die deutsche Übersetzung des englischen Begriffs „Motivational Interviewing“ und wird daher im Folgenden der Einfachheit halber, und weil dies in der Praxis auch so üblich ist, als MI abgekürzt.

Es handelt sich dabei um ein emanzipatorisches Beratungsprinzip, das in radikaler Weise die Autonomie und Selbstbestimmung des Klienten in den Mittelpunkt stellt. Da es sich um eine hoch strukturierte und relativ leicht zu erlernende Gesprächstechnik ohne negative Nebenwirkungen handelt, kann sie sowohl von Fachkräften, Therapeuten und Praktikern, als auch von Laien erlernt und angewendet werden. Ursprünglich stammt diese Methode aus dem Suchtbereich und wurde für extrem schwierige und wenig veränderungsbereite Suchtpatienten entwickelt, bei denen alle anderen Therapieformen keinen Erfolg mehr brachten (Miller & Rollnick, 2015). Inzwischen hat sich gezeigt, dass dieses Prinzip aber auch in anderen Kontexten und bei jeder Form von „heiklem Thema“, Entscheidungsproblem oder bei fehlender Motivation zur Änderung selbstschädigenden Verhaltens eingesetzt werden kann. Der Ansatz ist personen- und zielorientiert und wissenschaftlich validiert. Zahlreiche Metaanalysen konnten zeigen, dass MI wirksamer ist als jede unspezifische Intervention, und dass es mindestens so effektiv ist, wie andere bekannte Interventionen, bei jedoch gleichzeitig kürzerer Dauer und geringerem Trainingsaufwand (s. Abschn. 8.2).

Das Ziel dieser Methode ist es, in zunächst uneinsichtigen Klienten eine intrinsische Veränderungsmotivation zu erreichen. Dies geschieht jedoch nicht durch den „erhobenen Zeigefinger“ (der idealerweise im Verlauf der Lektüre beim Leser immer mehr verkümmern sollte), sondern auf eine Weise, die die Autonomie und Entscheidungsfreiheit des Klienten stärkt. MI soll durch bestimmte Fragetechniken und Interventionen im Klienten zu einer „inneren Klärung“ führen.

Warum ist diese innere Klärung so wichtig?

Diese innere Klärung ist deshalb so wichtig, weil das selbstschädigende und ungesunde Verhalten des Klienten oft aus einem jahrelang eingeschliffenen Automatismus heraus erfolgt, der dem Bewusstsein des Klienten oft nicht unmittelbar zugänglich ist. Solche Verhaltensweisen laufen meist vollkommen unreflektiert, quasi wie auf Autopilot, ab. Bei Menschen mit Intelligenzminderung ist dieser Autopilot häufig aufgrund der kognitiven Einschränkungen sehr deutlich ausgeprägt. Hinzu kommt die Neigung, wenig vorausschauend zu denken, und dadurch oft dem unmittelbaren Lustgewinn den Vorzug vor dem langfristigen Vorteil einer Verhaltensänderung zu geben.

Beispiel aus der Praxis

Christopher (35) hat schon seit Jahren sehr schlechte Zähne und leidet akut unter starken Zahnschmerzen. Seine Betreuer haben mit seinem Einverständnis zum wiederholten Male einen Zahnarzttermin für ihn vereinbart. Schon einige Tage vor dem Termin bekommt Christopher große Angst. Er vermutet, dass die Untersuchung unangenehm und schmerzhaft wird. Die Angst steigt Tag für Tag weiter und am Tag des Termins sagt Christopher seinen Zahnarztbesuch kurzfristig ab und fühlt sich dadurch sofort sehr erleichtert.

Dies suggeriert ihm zunächst, dass er eine richtige Entscheidung getroffen hat. Er fühlt sich wohl, seine plagenden Ängste sind verschwunden und es geht ihm schlagartig besser. Er verlebt einen schönen Tag, anstatt auf dem verhassten Zahnarztstuhl zu sitzen.

Die langfristigen Folgen seiner Entscheidung verdrängt und ignoriert er in diesem Moment vollkommen. Sein selbstschädigendes Verhalten wird also seiner subjektiven Empfindung nach belohnt und verfestigt sich dadurch.

Selbstschädigendes Verhalten dient oftmals nicht nur dem Lustgewinn, sondern kann auch eine vordergründig funktionierende Lösungsstrategie für ein tieferliegendes Problem sein. Diesem Verhalten liegt demnach auch ein großer Vorteil inne. Gerade deshalb neigen wir Menschen im ersten Moment dazu, diese Verhaltensweisen unhinterfragt beizubehalten. MI versucht die Klienten behutsam dabei zu unterstützen, hinter diese Automatismen zu blicken und die Gründe ihres Verhaltens auf einer tieferen Ebene zu ergründen, um ihnen die innere Ambivalenz deutlich zu machen, auf die in den folgenden Kapiteln noch genauer eingegangen wird. Dies macht MI zu einer so wichtigen Methode in der Arbeit mit Menschen mit Intelligenzminderung, denn es holt sie dort ab, wo sie aktuell stehen und unterstützt sie dabei, hinter die Automatismen zu blicken, die sie ansonsten nicht selbstständig hinterfragen würden.

Merke

- Selbstschädigendes Verhalten hat fast immer auch einen positiven Nutzen für den Klienten
- Es hat sich ursprünglich als funktionierende Lösungsstrategie entwickelt
- Große Teile unseres Verhaltens werden durch unseren Autopiloten gesteuert und sind unserem Bewusstsein nicht zugänglich.

Die Veränderungsmotivation soll durch MI dadurch gestärkt werden, dass der Klient die tieferliegenden Gründe seines Verhaltens erkennt, hinterfragt und schließlich versteht, an welchen Punkten dieses Verhalten im Widerspruch zur eigenen Vernunft und zu den eigenen Werten und Lebenszielen steht. So wird der Klient ganz automatisch zum Fürsprecher der eigenen Veränderung, ohne dass der Berater Druck von außen ausüben muss. Zusätzlich schützt dieses Verfahren den Berater, aber auch Angehörige und Betreuungskräfte davor, sich selbst zu verausgaben, da sie ihre Kräfte zielgerichtet einsetzen und lernen, die Verantwortung für die Veränderung dort zu lassen, wo sie hingehört: Beim Klienten selbst.

Der Philosophie von MI liegen dabei die folgenden, wissenschaftlich fundierten, Prinzipien zu Grunde:

Grundlegende Prinzipien von MI

- Menschen sind nicht von Haus aus änderungsresistent, sondern sie sind in Bezug auf ihr Verhalten ambivalent, da jedes Verhalten Vor- und Nachteile hat (Miller & Rollnick, 2015).
- Menschen wollen, dass es ihnen gut geht. Dabei geben sie jedoch oft dem kurzfristigen Glück den Vorzug vor den langfristigen Vorteilen eines Verhaltens.
- Die innere Motivation zur Verhaltensänderung ist also in den Menschen bereits grundsätzlich angelegt. Sie ist nur verschüttet und muss behutsam zu Tage gefördert werden (Miller & Rollnick, 2015).
- Menschen sind resistent gegenüber dem, was man ihnen von außen aufzwingt. Paradoxerweise kann äußerer Druck sogar bewirken, dass die Motivation zur Veränderung abnimmt (Reaktanz) (Brehm, 1966).
- Menschen erhalten eine Verhaltensänderung nur dann langfristig aufrecht, wenn sie sich selbst aus vollem Bewusstsein und von innen heraus dazu entschieden haben.
- Je mehr sich Menschen selbst positiv und zuversichtlich über eine anstehende Verhaltensänderung sprechen hören, desto höher ist die Wahrscheinlichkeit, dass sie diese auch erfolgreich umsetzen (Lippert, 2021; Mechtcheriakov & Rettenbacher, 2012).

2.2 Entstehung von MI

MI wurde bereits Anfang der 80er-Jahre von den Psychologen William R. Miller aus den USA und Stephen Rollnick aus Großbritannien entwickelt. Miller hatte 1983 das erste MI-basierte Manuskript für den klinischen Kontext verfasst. Es dauerte dann bis 1991, bis er gemeinsam mit Rollnick das erste Buch zu diesem Verfahren veröffentlichte. Viele weitere sind seitdem gefolgt, und das Standardwerk „Motivational Interviewing: Helping people change“ liegt bereits in der vierten Auflage vor.

Wie bereits erwähnt, wurde die Methode ursprünglich für Patienten aus dem Suchtbereich entwickelt, und hatte das Ziel, überhaupt erst einmal eine Therapiebereitschaft bei diesen schwer zu erreichenden Patienten herzustellen. Im Laufe der Zeit zeigte sich, dass MI schon alleine für sich genommen einen positiven Einfluss auf das Suchtverhalten erzielen konnte, sodass es als eigenständiger Therapiebaustein begriffen werden konnte. Grundsätzlich stellte das Verfahren durch seine personenzentrierte Haltung und seinen veränderten Blick auf das Phänomen des „Widerstandes“ einen Paradigmenwechsel dar. Bis dahin hatte man bei Klienten, die in ihrer Entwicklung irgendwie „nicht vorwärtskamen“ von **Widerstand** gesprochen, einem negativ besetzten Begriff, der kaum Potenzial für Entwicklung suggerierte, und dem Klienten durchaus eine Art bösartiger Faulheit unterstellte. Dieser Begriff wurde durch Miller und Rollnick vom Begriff der fehlenden **„Motivation“** abgelöst, einem Konzept, das man aus der Forschung zum Lernen schon seit langem kannte, das aber im therapeutischen Kontext bis dato keine große Rolle spielte.

Im Gegensatz zum „Widerstand“, an dem man sich als Therapeut regelrecht abarbeiten kann, bietet das deutlich weniger negativ besetzte Konzept der fehlenden „Motivation“ Entwicklungsspielräume, die es zu erforschen gilt. Widerstand muss man „bekämpfen“. Motivation hingegen lässt sich fördern und steigern. Und laut Miller und Rollnick (2015) entspricht dies auch viel eher dem, was im Falle einer Entwicklungsblockade tatsächlich stattfindet: Der Mensch befindet sich nicht im rücksichtslosen Widerstand, sondern steht seinem eigenen Verhalten ambivalent gegenüber, indem er Vor- und Nachteile daran entdeckt. Das, was bis dahin als Widerstand bezeichnet wurde, bezeichnen Miller und Rollnick (2015) als ein Ungleichgewicht in der Betrachtung dieser Ambivalenz zu Gunsten der Vorteile des schädigenden Verhaltens. Ziel von MI ist es, dieses Ungleichgewicht zu erforschen und in Richtung der Vorteile der Verhaltensänderung zu verändern.

Merke **„Widerstand“** ist eindimensional. Man ist entweder für oder gegen eine Sache. **„Motivation“** ist dynamisch. Sie kann als Kontinuum begriffen werden. Sie ist mal mehr, mal weniger ausgeprägt und kann eingebremst oder gefördert werden.

Wo bis dahin therapeutisch noch viel mit Sanktionen und Druck gearbeitet wurde, ging es Miller und Rollnick (2015) eher um ein partnerschaftliches Begleiten und „Erwecken“ der intrinsischen Veränderungsmotivation. MI hat sich seit seinen Anfängen zu einem international anerkannten Gesprächsansatz entwickelt, der mit Trainings in über 50 verschiedenen Sprachen inzwischen einer der weltweit am stärksten verbreiteten Ansätze ist.

In der Suchtarbeit ist MI inzwischen nicht mehr wegzudenken und gehört in Deutschland und vielen anderen Ländern zu den zentralen Interventionstechniken, die in Zertifikatskursen gelehrt werden. Doch schon längst hat man den Nutzen von MI auch für andere Themenfelder entdeckt, und so wird es inzwischen in der Altenpflege, im Gesundheitswesen, im Personalwesen, in Arztpraxen, in der Diabetologie und in vielen anderen Bereichen angewendet.

Dieses Buch wird zeigen, inwieweit die Methode sich in die Arbeit mit Menschen mit Intelligenzminderung integrieren lässt, welche Vorteile sie hierfür bietet und an welchen Stellen Anpassungen notwendig sind, um diese besondere Klientel nicht zu überfordern.

2.3 Einflüsse

Der klientenzentrierte Ansatz nach Carl Rogers

MI ist ein personenzentrierter Ansatz und basiert sehr stark auf den humanistischen Prinzipien der **klientenzentrierten Therapie nach Carl Rogers** (1951). Sehr verkürzt dargestellt geht dieser Ansatz davon aus, dass einzig und allein der Klient selbst weiß, was gut für ihn ist, und dass es die Aufgabe des Therapeuten ist, in wohlwollender Weise, den geeigneten und sicheren Rahmen zu schaffen, in dem sich der Klient entsprechend seiner inneren Weisheit frei entwickeln kann. Diese Therapieform basiert auf den drei grundlegenden Säulen: Empathie, Akzeptanz und Kongruenz (Echtheit). Das bedeutet, dass der Therapeut seinem Klienten mit echtem, einfühlsamem Verstehen begegnen sollte und ihn und seine Lebenseinstellung bedingungslos zu wertschätzen hat. Außerdem soll und darf der Therapeut „echt" sein, also mitschwingen, und seine eigenen Gefühle und Bedürfnisse wahrnehmen, würdigen und auch ausdrücken, wenn ihm dies ein Bedürfnis ist, und es dem therapeutischen Prozess zuträglich ist (Plate, 2021).

Grundhaltung nach Rogers

- Empathie
- Akzeptanz
- Echtheit (Kongruenz)

Empathie bedeutet in diesem Zusammenhang ein „einfühlendes Verstehen" (Büttner & Quindel, 2024, S. 66). Dabei ist der Unterschied zwischen „Einfühlen" (Empathie) und „Mitfühlen" (Sympathie) zu beachten.

Empathie vs. Sympathie

Empathie (Einfühlen) bedeutet, den Klienten in seinem Fühlen und Erleben zu verstehen und dadurch eine Nähe herzustellen (Röhner & Schütz, 2020). Dabei ist es jedoch ausdrücklich *nicht* notwendig, die Gefühle des Klienten am eigenen Leib nachzuempfinden und zu teilen. Sympathie (Mitfühlen) hingegen bedeutet, dass der Gesprächspartner seine professionelle Distanz aufgibt und im eigenen Erleben voll und ganz in die Gefühlswelt des Klienten eintaucht. Dies birgt die Gefahr emotionaler Verstrickungen und eines Ausbrennens des Beraters und ist unbedingt zu vermeiden.

Der Berater versucht dabei, die Gefühle und Einstellungen des Klienten möglichst genau zu erfassen, und dabei nicht automatisch von den eigenen auszugehen. Um dies zu erreichen, wertet der Berater auf unterbewusster Ebene verbale und nonverbale Signale des Klienten aus und setzt sie zu einem Bild zusammen. Die Fähigkeit zur Empathie kann demnach durch viel Übung und bei zugrunde liegendem Willen erlernt werden, wobei Akzeptanz und Kongruenz eher Grundhaltungen sind, die Ergebnis eines inneren Reflexionsprozesses des Beraters sind, der jedem Berater, der professionell arbeiten möchte, ans Herz zu legen ist.

Akzeptanz nach Rogers

- Aufrichtiges Interesse
- Bedingungslose Annahme
- Bewertungsfreie Haltung

Der klientenzentrierte Ansatz ist nicht direktiv und orientiert sich nicht am Problem, sondern am Menschen und daran, wie dieser sein „Problem" selbst wahrnimmt und bewertet. Der Klient wird als „Experte" für sein Problem gesehen. Der Berater nimmt sich und seine eigene Einstellung zum „Problem" zurück und lässt den Klienten die Richtung und das Tempo des Beratungsprozesses bestimmen. Er fungiert lediglich als Begleiter, der den Klienten dabei unterstützt, seinen eigenen Weg zu finden und zu gehen (Plate, 2021). Diese Haltung wurde im MI eins zu eins übernommen.

Die Konflikttheorie von Janis und Mann

Die **Konflikttheorie** von Janis und Mann (1977) besagt, dass Entscheidungen für und gegen ein Verhalten immer einen Konflikt im Menschen erzeugen, da jedes Verhalten Vor- und Nachteile hat. Dadurch entsteht die paradoxe Situation, dass man sich oft nicht voller Überzeugung für ein eindeutig gesundes Verhalten entscheidet, da diesem immer auch gewisse Nachteile gegenüberstehen (z. B. höherer Aufwand, Verlust einer lustbringenden Sache, Anstrengung, etc.).

Die Theorie kognitiver Dissonanz von Festinger

Die Theorie der **kognitiven Dissonanz** von Leon Festinger (1957) beschreibt die menschliche Bestrebung, unangenehmen inneren Zuständen (Dissonanzen) auszuweichen. Sie beschreibt das Gefühl von Unwohlsein, das wir Menschen empfinden, wenn durch unser Verhalten zwei Kognitionen zueinander im Widerspruch stehen, oder wenn wir uns entgegen unseres inneren Selbstkonzepts (Ziele, Wünsche, Einstellungen, Absichten) verhalten. Es entsteht dann ein inneres Ungleichgewicht und die Bestrebung, diesen inkonsistenten Zustand wieder aufzulösen. Dieses Gefühl ist schwer bis unmöglich zu ertragen. Dennoch führt es nicht dazu, dass wir Menschen das inkongruente Verhalten unterlassen. Beispielsweise essen Menschen Süßigkeiten, obwohl sie genau wissen, dass sie ihnen schaden.

Um die dadurch entstehende innere Spannung aufzulösen, wenden Menschen bestimmte Strategien an, die quasi einer Selbsttäuschung gleichkommen. Beispielsweise passen Menschen ihre Einstellung ihrem Verhalten an („Bio-Lebensmittel sind nicht so gesund wie immer behauptet wird"), werten die Alternativen ab („Vegetarier sind irgendwie auch zu extrem in ihrer Einstellung"), weichen ihre Einstellung auf („Ich muss ja nicht ganz verzichten- ich trinke einfach weniger Alkohol") oder finden gute Ausreden („ich kann heute keinen Sport machen, ich muss erst die richtige Ausrüstung kaufen"). Durch diese Mechanismen wird unser Selbstwertgefühl vor der drohenden Abwertung geschützt, die wir zwangsläufig an uns selbst vornehmen müssten, wenn wir anerkennen würden, dass wir uns nicht so verhalten, wie wir es eigentlich unserer inneren Einstellung gemäß tun müssten.

Die Reaktanztheorie von Brehm

Ein weiterer Einfluss, der MI geprägt hat, ist die Theorie der **psychologischen Reaktanz**, die auf Brehm (1966) zurück geht. Die Theorie der Reaktanz besagt, dass der Mensch bei Einengung seiner Handlungsfreiheiten und Entscheidungsspielräume durch andere Menschen den natürlichen Drang dazu hat, diese Spielräume aktiv wieder herzustellen. Praktisch ausgedrückt bedeutet dies, dass äußerer Druck und Zwang zu einem emotionalen Spannungszustand führen, dem der natürliche Impuls folgt, den ursprünglichen Freiheitszustand wiederherzustellen, indem man reflexartig die Ursprungsposition wieder einnimmt. Dabei spielt es keine Rolle, ob der ursprüngliche Zustand nun sinnvoll war, oder nicht. Druck von außen kann also paradoxerweise dazu führen, dass sich ein Problemverhalten weiter verfestigt, und steht dadurch einer Veränderung immer im Weg.

Das Selbstwirksamkeitskonzept von Bandura

Auch das Konzept der **Selbstwirksamkeit**, das auf den bekannten Psychologen Albert Bandura (1977) zurückgeht, geht im Prinzip von MI auf. Es beschreibt, dass der Mensch ein natürliches Bedürfnis danach hat, auf seine eigenen Fähigkeiten und Kompetenzen zur Durchführung eines Verhaltens vertrauen zu können. Fehlt ihm diese Selbstwirksamkeitserwartung, wird er sich ein bestimmtes Verhalten nicht zutrauen bzw. über kurz oder lang daran scheitern. Ohne das Gefühl und die Erfahrung von Selbstwirksamkeit erscheinen Hindernisse von vornherein unüberwindbar. Aufgabe von MI ist es demnach, die Selbstwirksamkeitserwartung des Klienten in Bezug auf die angestrebte Verhaltensänderung zu stärken.

Das Rubikon-Modell von Heckhausen und Gollwitzer

Zudem findet man im MI Anlehnungen an den Ansatz des **Rubikon-Modells** der Psychologen Heckhausen und Gollwitzer (1987), die mit dem Modell der Frage nachgingen, wie aus Motivation eine konkrete Handlung wird, und die den Weg vom Vorsatz bis zur Handlung in vier Phasen unterteilen: Das Abwägen der Entscheidung, die konkrete Planung der Handlung, die Handlung selbst und die anschließende Bewertung der Handlung. Die ersten drei dieser Phasen finden wir auch im MI wieder.

Exkurs: Die Genese der Rubikon-Metapher

Der Rubikon war in Zeiten der römischen Antike ein kleiner Fluss in Italien, der südlich von Ravenna verlief. Zu Zeiten Cäsars war er der Grenzfluss, der die römische Provinz Gallien vom eigentlichen Italien trennte. Im römischen Bürgerkrieg, den Cäsar ab 49 v. Chr. gegen Gnaeus Pompeius Magnus führte, beschloss der römische Senat, dass Cäsar nur dann erneut für das römische Konsulat kandidieren dürfe, wenn er sein Heer auflöse und seine Befehlsgewalt über Gallien und Illyrien niederlege. Cäsar war damit nicht einverstanden und entschied sich dafür, am 10. Januar 49 v. Chr. mit seinen Truppen den Rubikon in Richtung Süden- und damit in Richtung Rom- zu überqueren. Diese folgenschwere Entscheidung war gleichbedeutend mit einer Kriegserklärung an den römischen Senat. In diesem Zusammenhang sprach Cäsar das berühmte Zitat „alea iacta est" (Die Würfel sind gefallen) aus, was zeigt, dass ihm vollkommen bewusst war, dass die bewaffnete Überschreitung des Rubikon eine endgültige Wendung seines eigenen Schicksals begründete und dass es ab diesem Punkt kein Zurück mehr gab (Fezzi & Dickson, 2019).

Basierend auf dieser historischen Grundlage steht die „Überschreitung des Rubikon" noch heute als Metapher für eine unwiderrufliche, folgenschwere und durchaus riskante Entscheidung, die einen „Point of no return" darstellt. In der Waldorfpädagogik gibt es beispielsweise auch das Konzept der Rubikonphase (Vorpubertät), die den Schritt zwischen früher Kindheit und Pubertät beschreibt und damit eine Grenze, die einen gravierenden Wandel einleitet und das unwiederbringliche Ende der Kindheit markiert.

2.4 Die Grundhaltung von MI

Alle Methoden, die in diesem Buch beschrieben werden, und die im Geiste des MI ausgeführt werden, müssen mit einer bestimmten inneren Grundhaltung ausgeführt werden. Dies ist die zentrale Botschaft von MI und entscheidet grundlegend über Erfolg und Misserfolg des Verfahrens. Man kann die Methoden von MI noch so gewissenhaft anwenden-wenn die Grundhaltung nicht stimmt, wird sich nichts bewegen. Deshalb ist dieses Kapitel eines der wichtigsten des ganzen Buches.

Das Schöne an der Grundhaltung ist, dass nicht nur der Klient davon profitiert, sondern dass sie auch den Therapeuten davor schützt, sich zu verausgaben, auszubrennen und frustriert das Handtuch zu werfen.

Es ist im bisherigen Text immer wieder angeklungen: MI geht davon aus, dass alle Gründe für und gegen eine Entscheidung bereits im Klienten selbst angelegt sind. Der Klient ist also als Experte in der eigenen Sache zu betrachten. Das bedeutet ausdrücklich, dass der Berater wiederum KEINE Expertenrolle einnimmt. Die Hauptarbeit und der größte Redeanteil im Rahmen von MI-Sitzungen hat grundsätzlich auf Seiten des Klienten zu liegen. Der Berater hingegen muss sich diesbezüglich zurücknehmen und seine Aufgabe darin sehen, den Klienten bei seiner „inneren Klärung" und Entscheidungsfindung wertungsfrei zu unterstützen. Die Sichtweise des Beraters ist hierfür unerheblich und fließt in die Beratungsgespräche ausdrücklich NICHT mit ein. Dies ist essenziell wichtig für die Förderung des Selbstwirksamkeitsgefühls und die Verhinderung von Reaktanz-Tendenzen auf Seiten des Klienten. Durch den Einsatz der MI-Methoden ist es möglich, zu einem positiven Ergebnis zu kommen, ohne dem Klienten die eigene Sichtweise darzulegen, oder gar aufzuzwingen.

Miller und Rollnick (2015) nennen drei wesentliche Säulen, die die Grundhaltung definieren, die der Berater im Rahmen von MI zu jedem Zeitpunkt einnehmen muss, um der Beratung den begleitenden und nonkonfrontativen Charakter zu geben, der für das Erwecken der Veränderungsmotivation von so wichtiger Bedeutung ist:

Ausgehend von der Prämisse, dass die Gründe für die Veränderung bereits im Klienten angelegt sind, nimmt man im MI eine **„erweckende"**, suchende Grundhaltung ein. Berater und Klient erforschen gemeinsam die Innenwelt des Klienten, suchen nach den Beweggründen, die sein Verhalten leiten, und „erwecken" darauf aufbauend eine Veränderungsmotivation, die sich alleine aus den inneren Argumenten des Klienten speist und ohne Druck von außen entstehen kann.

Aufbauend auf den Prinzipien der klientenzentrierten Psychotherapie nach Rogers (s. Abschn. 2.3), sollte die Grundhaltung des MI-Beraters außerdem dem Prinzip der Akzeptanz folgen. Das bedeutet, dass er seinem Gegenüber respektvoll, empathisch, wertschätzend und anteilnehmend begegnet. Genauer gesagt umfasst Akezptanz laut Miller und Rollnick (2015, S. 33 ff.) die folgenden Aspekte:

Akzeptanz nach Miller & Rollnick

- Bedingungsfreie, positive Wertschätzung
- Empathie
- Unterstützung der Autonomie
- Würdigung (der Stärken und Bemühungen des Klienten)

Die dritte Grundhaltung, die sich der Berater zu eigen machen muss, ist die **Partnerschaftlichkeit**. Die Beratung erfolgt auf Augenhöhe. Das bedeutet, dass der Berater keine überlegene Expertenhaltung einnimmt und nicht paternalistisch von oben herab agiert. Überlegenheitsgefühle und Bevormundung sind im MI absolut fehl am Platze. Der Klient ist dort abzuholen, wo er steht und radikal so anzunehmen, wie er ist. Das gilt auch für seine Sichtweise auf das „Problemverhalten“ und seine Einstellung zum Leben. Wie vormals bereits erwähnt, stellt jedes Problemverhalten auch eine Lösungsstrategie für den Klienten dar, und von daher ist sie als solche erst einmal zu würdigen. Der Berater muss erkennen und anerkennen, dass das Problemverhalten bis dato eine wichtige „Krücke“ für den Klienten war, ohne die er offensichtlich (noch) nicht auskommt. Diese Krücke schlecht zu reden oder Druck und Zwang auszuüben, und ihm diese Krücke wegzunehmen, wird mit sehr hoher Wahrscheinlichkeit Widerstand und Reaktanz erzeugen.

Den Klienten ernst zu nehmen bedeutet auch, ihn selbstständig entscheiden zu lassen und seine Entscheidungen radikal zu akzeptieren- selbst, wenn sie den Überzeugungen des Beraters nicht entsprechen. Dies auszuhalten fällt leichter mit dem Wissen, dass sich die Klienten in den meisten Fällen für eine positive Verhaltensänderung entscheiden werden, und dass ohnehin keine andere Wahl bleibt, als dem Weg des Klienten zu folgen. Die Alternative wäre nämlich, Druck auszuüben und dem Klienten eine Entscheidung von oben herab aufzuzwingen. Dass dies so gut wie nie nachhaltig funktioniert und immer im Misserfolg und Widerstand endet, zeigt das folgende Beispiel aus der Praxis:

Beispiel aus der Praxis

Eine ältere Dame mit Lernbehinderung (Frau M.) leidet unter massiven Krankheitsängsten, zahlreichen psychosomatischen Beschwerden und einem starken Misstrauen gegenüber fremden Menschen und Ärzten. Sie ist der Naturmedizin zugeneigt und hat in ihrem Leben durch ihre Mehrfachbehinderung schon zahlreiche traumatische Erfahrungen im Zusammenhang mit Arztbesuchen und Klinikaufenthalten machen müssen.

Als im Rahmen der Corona-Pandemie die ersten Impfstoffe zur Verfügung standen, kam es zu der Situation, dass vulnerable Gruppen (auch Bewohner von Wohneinrichtungen für Menschen mit Behinderung) bevorzugt geimpft werden sollten. Dies führte zu regelrechten „Massenimpfungen“ innerhalb der Einrichtungen, die durch die Art der Durchführung und die Wucht der Ereignisse für viele der Heimbewohner bedrohlich und überfordernd wirkten.

Frau M. war im Vorfeld des Impf-Termins schon tagelang hoch angespannt und betonte immer wieder, dass sie in Bezug auf die Impfung skeptisch sei und dass sie sich eigentlich nicht impfen lassen wolle. Ihr Umfeld baute daraufhin einen immer größeren Druck auf. Immer wieder betonten sie, wie wichtig die Impfung sei und legten ihr auch dar, dass sie ohnehin keine Wahl habe, da ihr rechtlicher Betreuer dies für sie so entschieden habe.

Frau M. fühlte sich dadurch in ihrer eigenen Entscheidungsfreiheit eingeengt und ihre Wünsche nach mehr Zeit, mehr Information und mehr Beratung wurden nicht gehört. Am Tag der Impfung hatte die Anspannung ihr Maximum erreicht. Frau M. zeigte den ganzen Vormittag über Anzeichen für hohen Stress, verschiedene Verhaltensauffälligkeiten und wusste sich schlussendlich nicht anders zu helfen, als kurz vor der Impfung einen psychogenen epileptischen Anfall vorzutäuschen, welcher dann schlussendlich dazu führte, dass sie nicht geimpft werden konnte.

Was ist passiert?

Durch den Druck von außen hat die empfundene Entscheidungsfreiheit abgenommen und der Automatismus der Reaktanz hat eingesetzt. Die Impf-Frage konnte durch Frau M. nicht mehr rational beurteilt werden. Es ging ihr instinktiv nur noch darum, der bedrohlichen Situation zu entfliehen und dadurch die eigene Entscheidungsfreiheit wiederherzustellen.

Frau M. hat anschließend zunächst Erleichterung empfunden. Aber sie hat es im Nachgang der Situation schwer bereut, sich nicht impfen lassen zu haben. Mit Unterstützung ihrer Betreuer konnte sie sich dann zu einem späteren Zeitpunkt und nach ausreichender Vorbereitung und Beratung durch ihren Hausarzt, den sie schon lange kennt und zu dem sie Vertrauen hat, beraten und impfen lassen.

Je mehr Druck ausgeübt wird, desto eher findet der Klient (im Sinne der Reaktanz) kreative Wege, um seine ursprüngliche Handlungsfreiheit wiederherzustellen. Dabei folgt der Klient fast ausschließlich instinktiven Fluchtimpulsen und kann sich kaum noch rational zum akuten Problem verhalten. Dadurch ist es im Klienten jedoch weder zu einer inneren Klärung noch zu einem Hinterfragen seines Verhaltens gekommen und die Möglichkeit einer Verhaltensänderung wurde im Keim erstickt.

Was muss der Berater also konkret tun?

Der Berater muss über die gesamten Beratungsgespräche hinweg eine sichere, vertrauensvolle und wohlwollende Atmosphäre schaffen. Diese Atmosphäre soll es dem Klienten ermöglichen, sein eigenes Verhalten ohne Druck und Zwang ganz frei erforschen und hinterfragen zu können, ohne die Angst im Hinterkopf zu haben, sein Verhalten durch Vorgaben von außen ändern zu müssen. Das Gespräch soll zu jeder Zeit geschmeidig und angenehm sein. Sollten im Gespräch einmal Widerstände auftauchen, so stellt MI konkrete Methoden zur Verfügung, wie man diese Widerstände abbauen kann (s. Kap. 6). Der Klient gibt das Tempo und die Richtung des Prozesses vor. Dabei kann es auch zu Momenten der Stille kommen, die oft sehr wertvoll sind. In diesen Momenten findet eine innere Klärung im Klienten statt, sie sollten also nicht durch zu direktive Fragen des Beraters unterbrochen werden.

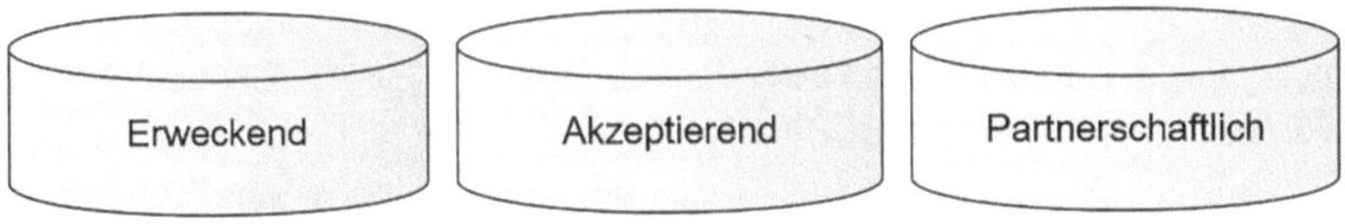

Abb. 2.1 Grundhaltung von MI

Nachfolgend wird die Grundhaltung des MI noch einmal übersichtlich im Bild der drei Säulen dargestellt. Dieses Bild wird in den folgenden Kapiteln durch die Prozessbausteine und Methoden des MI ergänzt werden (Abb. 2.1).

2.5 Innere Ambivalenz vs. Motivation

„Zwei Seelen wohnen, ach! in meiner Brust“
Johann Wolfgang von Goethe, Faust 1, Vers 1112–1117

Die Entwickler von MI, William Miller und Stephen Rollnick (2020), sagen ganz deutlich, dass es keinen Menschen gibt, der vollkommen unmotiviert ist. Sie sprechen in diesem Zusammenhang auch gerne vom „Märchen des unmotivierten Klienten“. Insbesondere im Bereich der Behindertenarbeit kommt es dennoch sehr häufig vor, dass man Klienten eine fehlende Motivation oder mangelnde Compliance unterstellt. Tatsächlich ist die Motivation eines Menschen aber häufig nur verschüttet unter den vielen Einflüssen, denen sein Verhalten im Alltag ausgesetzt ist (Abb. 2.2).

Unsere innere Einstellung einem bestimmten schädlichen Verhalten gegenüber lässt sich sehr gut mit einer Waage vergleichen. Auf der einen Seite fallen alle Gründe für die BEIBEHALTUNG dieses schädlichen Verhaltens ins Gewicht. In der anderen Waagschale liegen die Gründe für die ÄNDERUNG dieses Verhaltens. Es gibt immer gute Gründe für beide Seiten und in jeder Waagschale werden zahlreiche Gründe liegen. Dies bezeichnet man als die **„innere Ambivalenz“**, die jeder Mensch in Bezug auf eine Verhaltensänderung empfindet. Weigl und Mikutta (2019) bezeichnen sie auch als „innere Zerrissenheit“: Einerseits möchte man das schädliche Verhalten fortführen, andererseits strebt man nach einer Veränderung hin zu einem Verhalten, das eher den tieferliegenden eigenen Wert- und Lebensvorstellungen entspricht.

Folgende Aussagen sind typisch und verdeutlichen in einem Satz die vorliegende innere Ambivalenz von uns Menschen:

- Ich muss dringend abnehmen, ***aber*** ich hasse Sport.
- Es ist so wichtig, dass ich meine Medikamente nehme, ***aber*** ich vergesse es immer.
- Rauchen ist krebserregend, ***aber*** ich liebe es einfach, morgens zum Kaffee eine zu rauchen.
- Ich würde ja gerne aufhören, ***aber*** ich schaffe es einfach nicht.
- Mein Blutzuckerspiegel ist viel zu hoch, ***aber*** ich esse einfach so gern Süßes!
- Ich bin völlig pleite, ***aber*** ich kaufe einfach so gerne schicke neue Klamotten ein.
- …

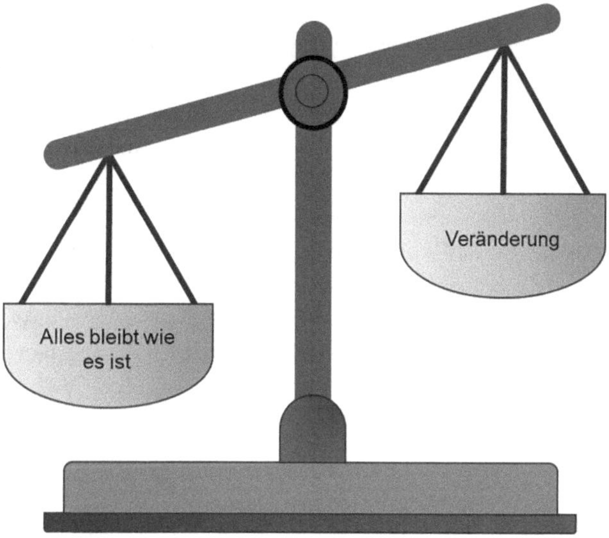

Abb. 2.2 Modell der inneren Ambivalenz

Ambivalenz bedeutet nach Miller und Rollnick (2015, S. 21): „Etwas gleichzeitig zu wollen und nicht zu wollen, oder zwei unvereinbare Dinge zu wollen."

Grundsätzlich tun Menschen ganz automatisch immer das, was sie innerlich stabilisiert. Und so wird jeder Mensch das tun, was ihn ins Gleichgewicht bringt, und sich gegen alles wehren, was dieses Gleichgewicht stört. Doch wie kommt es dann, dass Menschen so oft ein schädliches Verhalten ausüben und sich dabei keineswegs unwohl- also in ihrem inneren Gleichgewicht gestört- fühlen?

Die Theorie der kognitiven Dissonanz von Festinger (1957) besagt in der Tat, dass Menschen einen inneren Spannungszustand erleben, wenn ihr Verhalten nicht im Einklang mit ihren Zielen und Einstellungen steht. Das führt dazu, dass schädliches Verhalten innerlich gerechtfertigt werden muss. Dies kann gemäß dieser Theorie allerdings relativ leicht gelingen, indem man beispielsweise „Scheinargumente" für dieses Verhalten in die Waagschale legt („Ein Glas Rotwein jeden Abend soll ja gesund sein") oder die innere Einstellung an das schädliche Verhalten anpasst („Immer nur gesund zu leben, ist spießig"), obwohl man eigentlich tief im Inneren anderer Meinung wäre.

Auch der Berater kann Einfluss auf das Gleichgewicht der Waage nehmen. Tritt der Berater beispielsweise allwissend auf und nennt dem Klienten tausend gute Gründe, die für die VERÄNDERUNG seines Verhaltens sprechen, wird der Klient automatisch ein Ungleichgewicht wahrnehmen, und zur inneren Stabilisierung alle Gründe nennen, die für die BEIBEHALTUNG seines schädlichen Verhaltens sprechen („Ja, aber …"). Und wie in Abschn. 2.1. bereits dargestellt wurde, neigen Menschen dazu, das zu glauben, was sie sich selbst häufig sagen hören. Damit treibt der Berater den Klienten in seiner inneren Ambivalenz also unnötig in die Ecke des Widerstandes und fördert ihn ungewollt dabei, seinen Status Quo nicht nur beizubehalten, sondern sogar zu verteidigen.

Negatives Praxisbeispiel: So sollte es NICHT laufen!

Frau K. lebt in einem Behindertenwohnheim, ist aber noch recht jung und im Vergleich zu den anderen Bewohnern sehr fit und selbstständig. Auch kognitiv ist sie den anderen überlegen. Sie ist vom Zusammenleben mit den anderen genervt und im Wohnheimalltag häufig unterfordert. Die Regeln und Strukturen des Wohnheims schränken sie in ihren Freiheiten und in ihrer Weiterentwicklung ein. Gleichzeitig bietet ihr das Wohnheim aber Sicherheit und einen gewohnten Rahmen. Sie könnte auch in einer eigenen Wohnung (mit ambulanter Betreuung) wohnen. Der Kostenträger drängt immer wieder darauf, dass sie aus dem Wohnheim ausziehen soll. Der Fachdienst (FD) des Wohnheims bittet sie daher zum Gespräch:

FD:	*Du weißt ja, wir kriegen ein bisschen Druck vom Kostenträger. Die fragen immer wieder nach, wie es denn aussieht, ob du nicht aus dem Wohnheim ausziehen willst, ob denn eine eigene Wohnung nichts für dich wäre. Und darüber wollte ich jetzt mal mit dir reden. Hast du dir darüber schon mal Gedanken gemacht?*
Frau K:	*Ja, ich hab mir das schon mal überlegt. Und auch mit meiner Mama schon drüber geredet. Also ich sag mal so: Irgendwann will ich schon mal ausziehen. Das wäre schon cool, irgendwann mal in der Zukunft. Aber jetzt eigentlich noch nicht.*
FD:	*Aber ich glaube, du könntest das jetzt schon. Also ich traue dir das zu.*
Frau K:	*Nee jetzt ist es noch zu früh.*
FD:	*Eine eigene Wohnung hätte aber schon viele Vorteile. Du hättest zum Beispiel keine Mitbewohner mehr, die immer laut sind und oft Streit anfangen.*
Frau K:	*Hmmm … Ja stimmt schon. Aber ich hätte einen weiteren Weg zur Arbeit und außerdem mag ich meine Mitbewohner ja auch. Also nicht alle, aber manche halt schon.*
FD:	*Ja du magst sie, aber sie gehen dir auch sehr oft auf die Nerven. Ihr streitet ja auch viel.*
Frau K:	*Ja aber mit XY bin ich befreundet. Und den YX mag ich auch*
FD:	*Du könntest die Mitbewohner, die du magst, ja auch weiterhin besuchen.*
Frau K:	*Ja ok. … Aber ich kann mich ja alleine auch gar nicht versorgen. Nee das ist nichts für mich. Ich weiß ja gar nicht, wie man kocht. Also Rührei kann ich zwar schon, aber zum Beispiel wie andere Gerichte gehen, weiß ich nicht.*
FD:	*Aber du isst ja mittags in der Werkstatt. Da brauchst du ja abends nichts mehr Großes. Und kochen kann man ja auch lernen.*
Frau K:	*Aber am Wochenende esse ich ja nicht in der Werkstatt. Nee, ich glaub das ist nichts für mich. Ich hab ja auch noch nie alleine gewohnt. Ich weiß ja gar nicht, was man da machen muss. Da muss man sich ja dann auch um den Strom und die Heizung kümmern und alles.*
FD:	*Dafür hättest du ja Hilfe. Du hast ja deinen rechtlichen Betreuer, der sich um sowas kümmert.*
Frau K:	*Nein ich mag nicht ausziehen. Ich mag einfach nicht. Ich kenne ja dann auch gar nicht den Weg in die Werkstatt. Und vielleicht habe ich dann laute Nach-barn. Vielleicht sind da Hunde und ich habe doch Angst vor Hunden. Also ganz ehrlich: Ich ziehe auf gar keinen Fall aus.*

Was ist passiert?

Frau K. ist eigentlich grundsätzlich motiviert und sieht Vorteile in einem Auszug. Sie hat selbst schon darüber nachgedacht und sogar schon mit ihrer Mutter darüber gesprochen. Ihre Pläne stehen aber noch ganz am Anfang. Aktuell dominieren noch Ängste und Unsicherheiten.

Der Fachdienst baut einen gewissen Druck auf, indem er den Kostenträger ins Spiel bringt. Außerdem präsentiert er ihr sofort seine eigene Meinung zum Thema und bedrängt sie mit vielen guten Gründen, warum es gut wäre, die Wohnsituation zu verändern. Er legt also Gewichte in die Waagschale „Pro Veränderung". Wie sich im Laufe des Gesprächs zeigt, führt dies automatisch dazu, dass sich Frau K. gedanklich gar nicht mehr mit beiden Seiten der Waage befasst, sondern unter Druck gerät, den Status Quo schützen will und ganz automatisch nur noch die „Contra"-Seite der Waage befüllt.

Nach dem Gespräch wird bei ihr kaum hängen geblieben sein, was der Fachdienst an positiven Argumenten anführte. Sie wird sich vorwiegend daran erinnern, was sie selbst an Gründen gegen einen Umzug vorgebracht hat. In ihr wird sich verfestigt haben, dass ein Auszug viele Nachteile birgt und dass es jetzt noch viel zu früh dafür ist.

All die oben beschriebenen Einflüsse und Mechanismen machen es schwer, sich voller innerer Überzeugung und in vollem Bewusstsein für eine Verhaltensänderung zu entscheiden. Hinzu kommt, dass man sich durch die Annahme eines neuen Verhaltens von alten, lieb gewonnenen Verhaltensgewohnheiten verabschieden muss.

„Wer einen Fluss überqueren will, muss die eine Seite verlassen" Gandhi

Ein neues Verhalten anzunehmen, bedeutet auch, das gewohnte alte Verhalten aufzugeben. Es ist gut möglich, dass der Klient an seinen bisherigen Verhaltensmustern hängt, da sie ihm Vorteile gebracht haben und eine wichtige Krücke für ihn sind. Die Gründe für den Status Quo haben also ihre Berechtigung und brauchen ihren Raum. Doch daneben hat der Klient durchaus auch die Gründe für eine Verhaltensveränderung bereits in seiner Waagschale liegen, auch wenn sie bisher noch nicht so sehr ins Gewicht fallen. Diese innere Ambivalenz ist ganz normal und Menschen fühlen sich immer nur dann richtig wohl, wenn eine der beiden Seiten stark dominiert. In Phasen, in denen die Waage zwischen beiden Seiten hin und her pendelt, erlebt man einen Spannungszustand, der unangenehm ist und aufgelöst werden sollte, vor allem weil die innere Ambivalenz zwar eine wichtige Voraussetzung für eine Veränderung ist, gleichzeitig aber auch das größte Hindernis darstellt. Das Auflösen dieses Spannungszustandes geschieht meist erst dann, wenn die Nachteile eines schädlichen Verhaltens immer offensichtlicher werden und sich nicht mehr leugnen lassen (z. B. durch kritische Laborwerte, bereits eingetretene negative Konsequenzen, etc.), wenn sich also sozusagen die Dringlichkeit erhöht (Nicolaysen, 2014).

Der Dringlichkeitsbegriff

„**Dringlichkeit**" bezeichnet nach Miller und Rollnick (2004) das Maß der Diskrepanz zwischen dem Ist- und dem Soll-Zustand. Das Gefühl der Dringlichkeit muss zwingend vorliegen, damit der Klient eine Verhaltensänderung angehen kann.

Sie ist neben der wahrgenommenen **Zuversicht**, eine positive Veränderung auch erreichen zu können, und der **Bereitschaft**, das Problem zum jetzigen Zeitpunkt angehen zu wollen, der wichtigste Faktor, der eine Verhaltensänderung beeinflusst.

Aufgabe des Beraters ist es nun, den Klienten durch diesen extrem komplexen inneren Spannungszustand hindurch zu begleiten, bzw. die Spannung sogar zu nutzen, um durch gezielte Methoden Stück für Stück die Argumente für die Verhaltensveränderung zu erforschen und zu stärken, sodass der Klient seinen eigenen Wunsch nach Veränderung immer drängender wahrnimmt, und immer mehr Zuversicht gewinnt, diese Veränderung auch umsetzen zu können.

Merke MI hat das Ziel, die innere Ambivalenz zu Gunsten der Verhaltensänderung aufzulösen, indem die Argumente des Klienten PRO Verhaltensänderung aufgedeckt, erforscht und gestärkt werden.

Bei manchen Klienten mag es auffallen, dass die Gründe FÜR eine Veränderung überhaupt nicht anklingen. Diese Klienten spüren die Ambivalenz als inneren Spannungszustand noch gar nicht. Da er aber die Triebfeder für Veränderung ist, wäre es bei diesen Klienten schon ein Fortschritt, die innere Ambivalenz zunächst einmal nur zu entwickeln! Auch das kann Aufgabe von MI sein.

2.6 Was MI nicht ist

Dieses Kapitel schließt mit einigen weiteren Überlegungen zur Grundhaltung von MI ab- diesmal aber aus der anderen Richtung. Im Folgenden geht es nicht darum, welche innere Grundhaltung der Berater einnehmen sollte, sondern darum, welche innere Haltung er unbedingt vermeiden sollte.

Kein Druck und Zwang

Wie bereits ausführlich beschrieben wurde, ist die Wahrscheinlichkeit für ein reaktantes Verhalten des Klienten geringer, wenn sich der Berater unterstützend und wenig direktiv verhält. Druck, Zwang, Einmischung, Vorwürfe und Wertungen sind in Gesprächen, in denen es um notwendige Verhaltensänderungen geht, absolutes Gift und müssen unbedingt unterlassen werden. Man wird damit keine nachhaltige Verhaltensänderung erzielen. Ohnehin verbietet sich der Einsatz von Druck und Zwang bereits aus ethischen

Gründen. Druck und Zwang produzieren keine glücklichen Menschen, egal welche noch so gute Absicht dahinterstehen mag. In der Praxis sieht man jedoch, dass sehr häufig zu solchen Mitteln gegriffen wird, und deshalb muss dieser Grundsatz immer wieder betont werden.

Kein Überzeugen

Eine etwas weniger radikale Form der Bevormundung wäre es, den Klienten ungefragt mit Ratschlägen zu konfrontieren und ihn mit guten Argumenten überzeugen zu wollen, in der Hoffnung, ihn so zu einer Einsicht zu bewegen. In diese Kategorie fällt auch das ständige Konfrontieren des Klienten mit dessen vermeintlich „fehlerhaftem" Verhalten und das ungefragte Anbieten von Lösungen. Das ist es, was Miller und Rollnick (2015) als „Righting-Reflex" (zu Deutsch: Korrekturreflex) bezeichnen. Das mag gut gemeint sein, und sicherlich sind die Ratschläge und Argumente wohl durchdacht, aber auch hier agiert der Berater von oben herab, also nicht auf Augenhöhe. Damit verlässt er die Grundhaltung des MI und nimmt einen lenkenden, korrigierenden Stil an. Er nimmt den Klienten nicht als Experten in der eigenen Sache ernst. Jeder noch so gute Ratschlag und jede noch so gute Lösung wird dann vom Klienten nach dem Prinzip „zum einen Ohr rein, zum anderen wieder raus" verarbeitet, ohne eine nachhaltige Veränderung der Einstellung des Klienten zu erzielen.

Keine „verdeckte" Beeinflussung

Eine dritte, etwas versteckte Form der unpassenden Beeinflussung ist schwer zu erkennen, denn sie verbirgt sich unter einem Deckmantel aus Fürsorge, Mitgefühl und Hilfsbereitschaft. Auch durch übertriebene Hilfsbereitschaft, stellvertretende Übernahme bestimmter Entscheidungen, übermäßiges Loben oder Kritisieren, Moralisieren und Predigen kann man jemanden in die Ecke treiben, sodass er aus reinem Reflex sein schadhaftes Verhalten beizubehalten versucht (Lippert, 2021). Manipulation durch induzierte Schuldgefühle fällt ebenfalls in diese Kategorie und wird nicht zu einer nachhaltigen Verhaltensänderung beitragen.

Literatur

Bandura, A. (1977). Self-efficacy: Toward a unifying theory of behavioral change. *Psychological Review, 84*(2), 191–215. https://doi.org/10.1037/0033-295X.84.2.191

Brehm, J. W. (1966). *Theory of psychological reactance*. Academic Press.

Büttner, C., & Quindel, R. (2024). *Gesprächsführung und Beratung in der Therapie* (3. Aufl.). Springer.

Festinger, L. (1957). *A theory of cognitive dissonance*. Stanford University Press.

Fezzi, L., & Dixon, R. (2019). *Crossing the Rubicon : Caesar's decision and the fate of Rome*. Yale University Press.

Heckhausen, H., & Gollwitzer, P. M. (1987). Thought contents and cognitive functioning in motivational versus volitional states of mind. *Motivation and Emotion, 11*, 101–120. https://doi.org/10.1007/BF00992338

Janis, I. L., & Mann, L. (1977). *Decision making: A psychological analysis of conflict, choice, and commitment*. Free Press.

Lippert, A. (2021). *Motivation stärken in Therapie und Beratung*. Springer.

Mechtcheriakov, S., & Rettenbacher, M. A. (2012). Motivierende Gesprächsführung (Motivational Interviewing) in der Psychiatrie. *Neuropsychiatrie, 26*, 187–191. https://doi.org/10.1007/s40211-012-0042-6

Miller, W. R., & Rollnick, S. (2004). Talking oneself into change: Motivational interviewing, stages of change, and therapeutic process. *Journal of Cognitive Psychotherapy, 18*(4), 299–308. https://doi.org/10.1891/jcop.18.4.299.64003

Miller, W. R., & Rollnick, S. (2015). *Motivierende Gesprächsführung* (3. Aufl.). Lambertus.

Miller, W. R., Rollnick, S., & Butler, C. (2020). *Motivierende Gesprächsführung in den Heilberufen. – Core Skills für Helfer*. G.P. Probst.

Nicolaysen, K. (2014). Motivierende Gesprächsführung. Case Management mit Jugendlichen. *Soziale Arbeit, 63*(5), 162–169.

Plate, M. (2021). *Grundlagen der Kommunikation- Gespräche effektiv gestalten*. Utb.

Röhner, J., & Schütz, A. (2020). *Psychologie der Kommunikation*. Springer.

Weigl, T., & Mikutta, J. (2019). *Motivierende Gesprächsführung. Eine Einführung*. Springer.

3 MI bei erwachsenen Menschen mit Intelligenzminderung

Zusammenfassung

Motivierende Gesprächsführung kann sehr gut bei Menschen mit Intelligenzminderung angewendet werden, wenn man das Konzept an die speziellen Bedürfnisse dieses Personenkreises anpasst. Zu Beginn des Kapitels wird der Begriff der „Intelligenzminderung" aus verschiedenen Blickrichtungen heraus definiert, und es wird auf die Problematik der „Schubladisierung" dieser Menschen hingewiesen. MI wird sodann als geeignetes Mittel vorgestellt, um bei Menschen mit leichter bis mittelschwerer Intelligenzminderung eine intrinsische Motivation zur Verhaltensänderung zu wecken. Das Kapitel betont die Wichtigkeit, die besondere Lebenswelt dieser Klienten zu verstehen – von den eingeschränkten kognitiven Fähigkeiten bis hin zu strukturellen und sozialen Einschränkungen, die ihre Autonomie und Selbstbestimmung beeinflussen. Besonders wird darauf hingewiesen, dass Menschen mit Intelligenzminderung häufig mit sehr ambivalenten Gefühlen in Bezug auf Veränderung konfrontiert sind, die durch MI hervorragend adressiert werden können. Es liegt oft eine erlernte Hilflosigkeit und ein geringes Gefühl der Selbstwirksamkeit vor, was eine besondere Herausforderung für die Anwendung im Beratungsprozess darstellt. Dennoch bietet MI aufgrund seiner empathischen und nicht-konfrontativen Herangehensweise eine sehr erfolgversprechende Methode, um positive Verhaltensänderungen anzuregen und dadurch die Lebensqualität dieser Klientengruppe nachhaltig zu verbessern.

B. Metzger, *Motivierende Gesprächsführung bei Menschen mit Intelligenzminderung*, https://doi.org/10.1007/978-3-662-70837-8_3

3.1 „Intelligenzminderung" –Begriffsbestimmung und Einordnung

Im bisherigen Text ist immer wieder von „Menschen mit Intelligenzminderung" (im Volksmund wird oft gesagt: „geistige Behinderung") gesprochen worden. Aber was bedeutet das eigentlich? Wie wird diese Personengruppe definiert? Wie sieht sie sich selbst und wie sieht die Lebenswelt dieser Menschen aus, in deren Kontext wir MI immer auch betrachten müssen?

Der Begriff der „geistigen Behinderung" wird in diesem Buch bewusst vermieden, da das Begriffskonstrukt dazu verleitet, eine „Behinderung" anzunehmen, die sich allein anhand der „geistigen" Konstitution eines Menschen definiert. Doch was genau soll der Begriff „geistig" in diesem Zusammenhang bedeuten? Bezieht er sich rein auf die Intelligenz eines Menschen? Eine „Behinderung" alleine daran festzumachen, wird der Komplexität von Beeinträchtigungen, die man im Alltag beobachten kann, nicht gerecht und attribuiert das Vorliegen der „Behinderung" rein auf die Defizite der betroffenen Person. Dabei wird vollkommen unterschlagen, dass ein Mensch in erster Linie durch äußere Faktoren behindert wird. Ling und Theunissen (2000, S. 12) stellen diesbezüglich ganz treffend fest: „Behinderung ist das Einschränken des individuellen Bewegungsraumes eines Menschen durch das Einwirken Anderer und […] gegen den Willen des betroffenen Menschen." Darüber hinaus ist Behinderung nach Meinung von Ling und Theunissen (2000) mit einer Wertung verbunden, die Menschen in „normale" und „nicht normale" unterteilt. Diese Etikettierung wiederum ist willkürlich und davon abhängig, welche gesellschaftlichen und sozialen Normvorstellungen aktuell und im gegebenen Kulturkreis gerade gelten. Dies macht die „Behinderung" zu einem Zuschreibungskriterium und entbehrt das Merkmal eines objektiven Tatbestands (Trescher, 2018).

Der Begriff der „Intelligenzminderung" wiederum wurde in der ICD-10 der Weltgesundheitsorganisation (Deutsches Institut für medizinische Dokumentation und Information [DIMDI], 2019) definiert und wird dort mit dem Code F7* bezeichnet.

Exkurs: ICD-10
Die ICD-10 der Weltgesundheitsorganisation (DIMDI, 2019) ist eine international anerkannte Klassifikationsliste für Krankheiten, Auffälligkeiten und Beschwerden, die seit Anfang des 20. Jahrhunderts existiert und seitdem stetig weiterentwickelt wird. Seit dem Jahr 2022 liegt sie in ihrer 11. Auflage vor (ICD-11), wobei jedoch zum jetzigen Stand im klinischen Alltag in Deutschland nach wie vor die Version der 10. Auflage verwendet wird.

Der medizinischen Definition der ICD-10 nach bemisst sich die Intelligenzminderung in erster Linie am IQ eines Menschen, und ist damit messbar. Laut ICD-10 (Dilling & Freyberger, 2019, S. 273) beschreibt eine Intelligenzminderung einen „Zustand verzögerter oder unvollständiger Entwicklung der geistigen Fähigkeiten". Besonders beeinträchtigt seien dabei „Kognition, Sprache, motorische und soziale Fähigkeiten" (Dilling &

Freyberger, 2019, S. 273). Gemäß der ICD-10 spricht man ab einem IQ von unter 70 von einer Intelligenzminderung, wobei dann noch zwischen leichter Intelligenzminderung (IQ 50–69), mittelgradiger Intelligenzminderung (IQ 35–49) und schwerer und schwerster Intelligenzminderung (IQ <34) unterschieden wird. Zusätzlich spricht man bei den Menschen, die einen IQ-Wert im Bereich von 70–85 haben, also nicht in die Kategorie „geistige Behinderung" fallen, aber trotzdem einen unterdurchschnittlichen IQ aufweisen, von einer „Lernbehinderung" (DIMDI, 2019). Menschen mit Lernbehinderung und leichter Intelligenzminderung machen die Mehrheit der Gesamtheit der Menschen mit Intelligenzminderung aus (King et al., 2009).

In der Folgeversion des ICD-10, dem ICD-11 (WHO, 2022) wird der Begriff in „intellektuelle Entwicklungsstörung" umbenannt und unter den neuronalen Entwicklungsstörungen eingeordnet.

Die Herangehensweise der WHO, den IQ als einziges Diagnosekriterium heranzuziehen, kann man zu Recht sehr kritisch sehen, denn er sagt beispielsweise kaum etwas darüber aus, auf welchem sozio-emotionalen Entwicklungsstand sich ein Mensch befindet. Anton Došen (2010) stellt eindeutig klar: Eine intellektuelle Behinderung ist keine Krankheit, sondern eine Entwicklungsstörung. Aufbauend auf dieser Prämisse hat er das Konzept des sozio-emotionalen Entwicklungsstandes vorgestellt. Innerhalb dieses Konzepts beschreibt er (angelehnt an das Stadienmodell der kognitiven Entwicklung von Jean Piaget) bestimmte Entwicklungsstufen, die alle Menschen in ihrem Leben typischerweise in der gleichen Sequenz durchlaufen. Bei Menschen mit Intelligenzminderung werden diese Entwicklungsstufen gemäß dieser Theorie zum einen in der Regel deutlich langsamer durchlaufen, und zum anderen wird mit hoher Wahrscheinlichkeit irgendwann eine Stagnation auf einer bestimmten Entwicklungsstufe eintreten. Dies ist laut Došen der Grund dafür, warum viele erwachsene Menschen mit Intelligenzminderung trotz ihres tatsächlichen Alters und ihrer Lebenserfahrung doch noch sehr kindliche Bedürfnisse und Verhaltensweisen zeigen. Laut Došen (2010) sind es diese Bedürfnisse, die den Unterstützungsbedarf eines Menschen und den Grad seiner Einschränkungen oft wesentlich besser beschreiben, als der bloße IQ (obwohl es zwischen IQ und sozio-emotionalem Entwicklungsstand oft hohe Korrelationen gibt).

Exkurs: Konzept der sozio-emotionalen Entwicklung von Anton Došen

Das Konzept der sozio-emotionalen Entwicklung wurde in den 90er-Jahren vom niederländischen Kinder- und Jugendpsychiater Anton Došen (2010) vorgestellt und ist für das Verständnis von Menschen mit Intelligenzminderung und deren Verhalten von enormer Wichtigkeit. Der sozio-emotionale Entwicklungsstand ist in ein Phasenmodell eingebettet, welches in verschiedene Meilensteine der Entwicklung aufgeteilt ist, die in ihrer Abfolge aufeinander aufbauen und interindividuell stets gleich ablaufen. Der Entwicklungsstand eines Menschen innerhalb dieses Phasenmodells kann Aufschluss darüber geben, warum jemand in bestimmten Bereichen seines Verhaltens Limitierungen aufweist, die aufgrund der noch nicht erreichten Phasenstufe rein entwicklungsbedingt noch nicht überwunden werden können. Dies sollte deshalb in jeder MI-Beratung immer mitbedacht werden (Došen, 2010).

Der sozio-emotionale Entwicklungsstand kann mittels eines standardisierten Testinstruments, der „Skala der Emotionalen Entwicklung – Diagnostik" (SEED) (Sappok et al., 2018), die über das Hogrefe Testcenter bezogen werden kann, festgestellt werden. Es handelt sich dabei um ein semi-strukturiertes Interview mit nahen Bezugspersonen des Betroffenen, das ca. 30–60 min dauert und bestimmte Verhaltensmerkmale innerhalb von acht Entwicklungsdomänen abfragt, in denen sich der sozio-emotionale Entwicklungsstand eines Menschen besonders gut beschreiben lässt. Das Ergebnis ist eine von fünf Entwicklungsstufen, welche ihrerseits mit einem bestimmten „typischen" Entwicklungsalter korrespondieren und mit weiterführenden Informationen hinterlegt sind, die Aufschluss darüber geben, welche sozio-emotionalen Fähigkeiten Menschen dieser Entwicklungsphase typischerweise bereits erworben haben, und welche Fähigkeiten sie andererseits noch nicht entwickelt haben.

Literaturtipp: Anton Došen (2010): **Psychische Störungen, Verhaltensprobleme und intellektuelle Behinderung**. Hogrefe Verlag.
Tanja Sappok & Sabine Zepperitz (2016): **Das Alter der Gefühle – Über die Bedeutung der emotionalen Entwicklung bei geistiger Behinderung**. Hogrefe Verlag.

Im Diagnostic and Statistical Manual of Mental Disorders (DSM – englisch für „diagnostischer und statistischer Leitfaden psychischer Störungen"), einem Klassifikationssystem der Psychiatrie, wird die dort als „intellektuelle Beeinträchtigung" bezeichnete Intelligenzminderung nicht so sehr am IQ festgemacht, sondern vielmehr an der "Funktionsfähigkeit", bzw. dem Vorliegen von Defiziten im „angepassten Verhalten" (z.B. in der Kommunikation, der persönlichen Hygiene, dem selbstständigen Wohnen, der Fähigkeit, Entscheidungen zu treffen, u.ä.) und von „sozialen und kognitiven Grenzen" (z.B. Schwierigkeiten im Lösen sozialer Probleme, Schwierigkeiten der Aufmerksamkeitssteuerung, beeinträchtigtes Gedächtnis, Schwierigkeiten in abstraktem Denken, langsamerem Denktempo, u.ä.) (American psychiatric association [APA], 2013).

Exkurs: Das DSM – 5

Das DSM-5 (APA, 2013) ist- ähnlich wie das ICD-10- ein Klassifikationssystem für Krankheiten, wobei es sich hierbei ausschließlich um beschriebene psychische Erkrankungen handelt. Während hierzulande auch für die Diagnostik psychischer Krankheiten in erster Linie das ICD-10 verwendet wird, ist das DSM-5 in den USA und zahlreichen anderen Ländern das dominierende Klassifikationssystem. Es wird seit den 50er-Jahren von der amerikanischen psychiatrischen Gesellschaft (APA) herausgegeben und seitdem stetig weiterentwickelt. Im Gegensatz zur ICD-10 wird im DSM versucht, einen Gesundheitszustand multiaxial zu beschreiben und dadurch eine umfassende Beurteilung im Sinne des biopsychosozialen Modells zu erreichen.

Inzwischen kommt man immer mehr von der defizitären Sichtweise ab und nähert sich einer integrativeren Sichtweise, die proklamiert, dass ein Mensch nicht per se aus sich heraus „behindert“ ist, sondern durch seine genetischen, biologischen und sozialen Voraussetzungen und Kontextfaktoren in seinem Funktionieren „behindert“ **wird**. Die International Classification of Functioning (ICF) der WHO (2008), die inzwischen seit 2016 durch das Bundesteilhabegesetz auch ihren Einzug in die deutsche Gesetzgebung gehalten hat, und damit den alten Behinderungsbegriff ablöst, begreift Behinderung als eine Teilhabeeinschränkung, die das negative Ergebnis der Wechselwirkung zwischen einer Person mit einem Gesundheitsproblem und ihren Kontextfaktoren darstellt (WHO, 2008).

Exkurs: ICF, Behindertenrechtskonvention und BTHG

Die internationale Klassifikation der Funktionsfähigkeit, Behinderung und Gesundheit (International Classification of Functioning, Disability and Health – ICF) ist eine von der Weltgesundheitsorganisation herausgegebene Klassifikation, die versucht, die „Funktionsfähigkeit“ eines Menschen anhand verschiedener ineinandergreifender Faktoren zu beschreiben (WHO, 2008). Diese Klassifikation geht demnach nicht eindimensional davon aus, dass eine „Behinderung“ durch ein Gesundheitsproblem entsteht, sondern dass die „Funktionsfähigkeit“ eines Menschen und dessen Möglichkeiten zur Teilhabe durch das Ineinanderwirken von biologischen, psychologischen und sozialen Kontextfaktoren bestimmt werden. Dies bedeutet im Umkehrschluss, dass durch Veränderung der Kontextfaktoren auch Verbesserungen in der Funktionsfähigkeit und der Teilhabe erreicht werden können. Das starre Konzept der „Behinderung“ wird damit durch einen dynamischeren Ansatz ersetzt.

Im Jahr 2006 hat die Generalversammlung der Vereinten Nationen (UN) das „Übereinkommen der Vereinten Nationen über die Rechte von Menschen mit Behinderungen“ (UN Behindertenrechtskonvention) angenommen (Beauftragter der Bundesregierung für die Belange von Menschen mit Behinderungen, 2018). Die UN Behindertenrechtskonvention spezifiziert und konkretisiert die universellen Menschenrechte unter der besonderen Perspektive der Bedürfnisse und Lebenslagen der Menschen mit Behinderung und übernimmt in der Beschreibung von „Behinderung“ das biopsychosoziale Modell der ICF. Das Recht von Menschen mit Behinderung auf Teilhabe und Inklusion in allen Lebenslagen wird hier verbindlich festgeschrieben. In Deutschland ist die UN Behindertenrechtskonvention seit dem Jahr 2009 in Kraft.

Mit der UN Behindertenrechtskonvention hat sich der in der deutschen Gesetzgebung bereits seit Anfang der 2000er-Jahre eingeleitete Paradigmenwechsel auch auf internationaler Ebene vollzogen. In Deutschland ist der defizit-orientierte Fürsorgegedanke bereits mit Einführung des neunten Sozialgesetzbuches (SGB IX) im Jahr 2001 durch den Gedanken der Teilhabe und der Selbstbestimmung abgelöst worden.

Mit dem seit 2016 geltenden Bundesteilhabegesetz (BTHG) soll dieser Weg fortgesetzt werden. Dieses Gesetz ist mit der Zielsetzung entwickelt worden, die Gesetzgebung für Menschen mit Behinderung zeitgemäßer, nutzerfreundlicher und zugänglicher zu gestalten. Dies ist nach Meinung vieler Kritiker zwar nicht im vollen Umfang gelungen, aber was den Behinderungsbegriff angeht, so hat sich das BTHG auf Basis der Vorgaben der UN Behindertenrechtskonvention noch stärker als bisher an der ICF orientiert: „Menschen mit Behinderungen sind Menschen, die körperliche, seelische, geistige oder Sinnesbeeinträchtigungen haben, die sie in Wechselwirkung mit einstellungs- und umweltbedingten Barrieren an der gleichberechtigten Teilhabe an der Gesellschaft mit hoher Wahrscheinlichkeit länger als sechs Monate hindern können." (Sozialgesetzbuch Neuntes Buch – Rehabilitation und Teilhabe von Menschen mit Behinderungen, 2018, § 2 Abs. 1).

Trotzdem stellt der Begriff der Intelligenzminderung und insbesondere der der „geistigen Behinderung" nach wie vor ein Stigma dar, was man beispielsweise daran sieht, dass das internationale Betroffenennetzwerk People First seit Jahren darum kämpft, nicht als „geistig behindert" bezeichnet zu werden, sondern als „Menschen mit Lern-Schwierigkeiten" (Netzwerk People First Deutschland e.V., o. J.).

Die Frage bleibt kontrovers und stellt Autoren beim Verfassen eines Sachbuches wie dem hier vorliegenden vor Herausforderungen und Gewissensfragen, die man nicht zur Zufriedenheit aller auflösen kann (Abb. 3.1).

Abb. 3.1 Cartoon zum Behinderungsbegriff (© Phil Hubbe)

3.2 Die Lebenswelt erwachsener Menschen mit Intelligenzminderung

Der Begriff der Lebenswelt hebt in den Sozialwissenschaften die Wechselwirkungsbeziehung zwischen dem Menschen und dessen sozialer Umwelt hervor. Beide sind untrennbar miteinander verbunden und wirken reziprok aufeinander ein. Dies hat zur Folge, dass Veränderungen in der Lebenswelt tiefgreifende Auswirkungen auf das Wohlbefinden, das Verhalten und die Lebensqualität des Menschen haben (Wüllenweber, 2001). Došen (2010) betont dieses Prinzip und schlägt deshalb eine- an den sozio-emotionalen Entwicklungsstand des Klienten angepasste- Milieutherapie vor, um das Verhalten und das Wohlbefinden eines Menschen zu verbessern, indem man an den äußeren Umständen ansetzt- und nicht beim Betroffenen selbst.

Bei der Anwendung von MI ist es daher, genauso wie bei jeder anderen therapeutischen Intervention, wichtig, das Problemverhalten im Kontext der Lebenswelt des Klienten zu verstehen. Aus diesem Grund lohnt sich an dieser Stelle ein Exkurs in die Lebenswelt erwachsener Menschen mit Intelligenzminderung.

Wenn man sich die Biografie eines solchen Menschen einmal ansieht, wird man schnell erkennen, dass es bereits ab frühester Kindheit zu eklatanten Unterschieden in der Sozialisierung dieser Menschen im Vergleich zu nicht-behinderten Menschen kommt. Die meisten Menschen mit Intelligenzminderung erleben von Anfang an eine „Sonderbehandlung“. Dies kann z.B. sein, dass sie von den Eltern ganz besonders stark überbehütet werden, es kann aber auch sein, dass sie als „Familienproblem“ empfunden werden, und sich vielleicht sogar als Auslöser für Spannungen in der Familie sehen. Es kann auch sein, dass sie von einzelnen Familienmitgliedern ausgegrenzt werden, oder dass sie das Gefühl haben, versteckt oder verleugnet zu werden. Im Vergleich mit Geschwistern kann ihnen auffallen, dass sie anders behandelt werden und sich anders entwickeln. Viele Kinder (v.a. die mit körperlicher Behinderung) kommen schon im jüngsten Alter in Internate (spezielle Förderzentren) oder erhalten spezielle Förderung in ambulanten Frühförderzentren. Das Schließen und Pflegen von Freundschaften ist aus vielerlei Gründen deutlich erschwert, sodass es leider eher die Regel als die Ausnahme ist, dass Menschen mit Intelligenzminderung keine bis wenige Freunde haben. Gleiches gilt für die Aufnahme einer Liebesbeziehung (Trescher, 2018).

Grundsätzlich wird die Lebensqualität von Menschen mit Intelligenzminderung immer wieder durch die Frage beeinflusst, wie viel Autonomie in den einzelnen Bereichen des Lebens möglich ist und wo Grenzen für autonome Entscheidungen liegen (Schanze, 2014). Menschen mit Intelligenzminderung sind es oftmals ein Stück weit gewohnt, bevormundet zu werden. Für sie ist es normal, dass Entscheidungen stellvertretend für sie getroffen werden, und einige stellen diese Tatsache auch nicht in Frage (Schäfers, 2008; Trescher, 2018). Andere wiederum stören sich sehr daran. Erfahrungsgemäß steigt die Toleranz für stellvertretende Entscheidungen mit dem Grad der Intelligenzminderung. Die meisten Menschen mit Intelligenzminderung stehen unter rechtlicher Betreuung (häufig sind dies auch im Erwachsenenalter noch die eigenen Eltern) und haben daher keine eigene Entscheidungsgewalt, was ihre Finanzen, ihren Aufenthaltsort oder medizinische Fragen angeht.

Zusätzlich brauchen die meisten erwachsenen Menschen mit Intelligenzminderung in irgendeiner Form institutionelle Unterstützung. Das bedeutet, dass sie im eigenen Wohnraum zumindest auf ambulante Begleitung durch pädagogische Teams angewiesen sind, die regelmäßig zu ihnen nach Hause kommen und bei der Führung des Haushalts und des Alltags unterstützen. Es kann aber auch bedeuten, dass sie stationär in Wohngruppen oder Wohnheimen leben, wo rund um die Uhr für sie gesorgt wird. Tagsüber besuchen viele Menschen mit Intelligenzminderung eine Werkstatt für behinderte Menschen, wo sie für ein sehr geringes Gehalt einer Tätigkeit nachgehen, die auf ihre Leistungsfähigkeit abgestimmt ist. Schwerer beeinträchtigte Menschen besuchen eine Förderstätte, in der sie gemäß ihren Fähigkeiten sehr basalen Tätigkeiten nachgehen. Eine Integration von Menschen mit Intelligenzminderung in den ersten Arbeitsmarkt ist hierzulande leider immer noch die absolute Ausnahme.

All den institutionellen Angeboten ist gemein, dass der Mensch mit Intelligenzminderung deutlich reduzierte eigene Entscheidungsspielräume hat und sich an gewaltige institutionelle Zwänge anpassen muss. Beispielsweise hat er kaum die Wahl, ob er Vollzeit oder Teilzeit in der Werkstatt arbeitet, und welchem Beruf er nachgehen möchte. Im Wohnheim kann er nicht selbst entscheiden, mit welchen Mitbewohnern er zusammenleben möchte, sodass er sich zeitlebens seinen engsten und intimsten Lebensraum mit Menschen teilen muss, die u.U. sehr belastende und auffällige Verhaltensweisen an den Tag legen (Kendel, 2004). Auch seine unmittelbaren Bezugsbetreuer, von denen er in gewisser Weise abhängig ist, und die sehr tief in seine Intimsphäre eindringen, kann er sich meist nicht aussuchen (Schäfers, 2008; Trescher, 2018).

Professionelles Betreuungspersonal spielt eine sehr wichtige Rolle im Leben eines Menschen mit Intelligenzminderung. Alltagsbetreuer begleiten ihre Klienten oft jahrelang und durchleben die prägendsten und intimsten Momente mit ihnen gemeinsam. Durch ihre verzögerte sozio-emotionale Entwicklung sind Menschen mit Intelligenzminderung häufig auch im Erwachsenenalter noch viel stärker an ihren Bezugspersonen orientiert, als dies bei anderen Menschen der Fall wäre. Professionelle Alltagsbetreuer können daher einen wesentlichen Einfluss (sowohl im positiven als auch im negativen Sinne) auf den Entwicklungsverlauf ihrer Klienten nehmen. Da sie unweigerlich auch zu Bindungspersonen für ihre Klienten werden, tragen sie insofern eine hohe Verantwortung, weil sie im Klienten jederzeit unabsichtlich Urängste des Verlassenwerdens triggern können (z.B., wenn sie kündigen, die Stelle wechseln oder längerfristig erkranken), oder durch ein Fehlen des professionellen Abstandes zum Klienten auch bindungsbedingte kindliche Abhängigkeiten kreieren, die langfristig zu Entwicklungsproblemen führen können (Kendel, 2004; Trescher, 2018).

Zusätzlich herrscht unter dem Betreuungspersonal in institutionellen Einrichtungen häufig die gut gemeinte Tendenz, überbehütend und überfürsorglich zu agieren. Es wird den Menschen mit Intelligenzminderung nicht immer zugestanden, Fehler und negative Entwicklungserfahrungen zu machen, um daraus zu lernen, so wie es eigentlich für eine gelungene Entwicklung normal und wichtig wäre (Kendel, 2004). Als Mitarbeiter in einer solchen Einrichtung hat man den Anspruch an sich, den Klienten vor solchen Fehlern und negativen Erfahrungen zu schützen, was nicht immer nur positiv zu sehen ist. Zudem neigen viele Mitarbeiter dazu, wichtige Entscheidungen stellvertretend für ihre Klienten zu treffen, da sie diesen kein objektives Entscheidungsvermögen zutrauen (Miller & Rollnick, 2015).

Hinzu kommt, dass man sich als Einrichtung und auch als Mensch mit Behinderung immer auch im Korsett dessen bewegen muss, was der Kostenträger der jeweiligen Maßnahme (Werkstatt, Wohnheim, ambulantes Wohnen, etc.) zu finanzieren bereit ist, und welche inhaltlichen Ansprüche er an das jeweilige Betreuungsangebot stellt.

Menschen mit Intelligenzminderung werden selbst in den spezialisierten Einrichtungen, in denen sie oft versorgt werden, nach wie vor unter einer defizitären Lupe betrachtet und vorrangig nach dem beurteilt, was sie *nicht* können. Typischerweise besteht ihre Biografie aus einer Aneinanderreihung von subjektiv so empfunden Versagenserlebnissen, Niederlagen und Ablehnung durch andere. Durch diese ständige Rückmeldung von außen haben sie häufig kein gutes Gefühl für ihre Fähigkeiten und vielfach die fest verankerte Überzeugung, keine Kontrolle über ihr Verhalten und die Situationen, mit denen sie zurechtkommen müssen, zu haben (Erretkamps et al., 2017; Porcelan et al., 2019; Trescher, 2018). Das Ergebnis ist die sogenannte "Erlernte Hilflosigkeit", welche ihrer Natur nach als Hemmschuh jeder intrinsischen Motivation bezeichnet werden kann. Hinzu kommt, dass der Gedanke an Veränderungen bei diesen Menschen oft starke Ängste auslöst, da sie aus Mangel an Wissen und Information die Tragweite dieser Veränderungen häufig nicht abschätzen können, und weil ihnen das Zutrauen in die eigene Stärke fehlt.

Die gesamte Sozialisation in Verbindung mit den strukturellen Bedingungen der Lebenswelt führen also dazu, dass Menschen mit Intelligenzminderung häufig ein schwer gestörtes Gefühl für Autonomie und Selbstbestimmung entwickeln, da ihnen die Selbstbestimmung regelhaft entzogen wurde und sie in einem dauerhaften Abhängigkeitsverhältnis leben (Trescher, 2018). Entscheidungen müssen fast immer mit Angehörigen oder Betreuern abgestimmt werden, was sie per se schon nicht mehr zu autonomen Entscheidungen macht. Häufig ist das Gefühl für Autonomie bei diesen Menschen derart gestört, dass sie kaum noch zu wichtigen Entscheidungen in der Lage sind, sodass es vorkommt, dass sie von ihren Bezugspersonen sogar aktiv einfordern, dass diese stellvertretend für sie entscheiden (Abb. 3.2).

Die innere Ambivalenz bei Menschen mit geistiger Behinderung

Die in Abschn. 2.5 beschriebene innere Ambivalenz in Bezug auf Verhaltensentscheidungen besteht auch bei Menschen mit Behinderung. Allerdings ist es in der Praxis oft so, dass die Ambivalenz aufgrund der kognitiven Einschränkungen sehr stark zu Gunsten des Lustprinzips verschoben ist und kaum bis selten hinterfragt wird. Genuss, Sucht und Konsum sind sehr starke Motive, die zu einer unmittelbaren Bedürfnisbefriedigung und sofortigem Wohlbefinden führen. Nur wer sie mit langfristigen negativen Folgen in Verbindung bringen kann, wird ihre Schadhaftigkeit erkennen und dafür

Denkanstoß: Wie lebst du?		
Ich war von Anfang an anders als die anderen Kinder.	Ich habe oft Schmerzen und kann es nicht ausdrücken.	Andere entscheiden alles für mich. Das gefällt mir nicht immer.
Meine Eltern haben sich Sorgen um mich gemacht. Waren sie stolz auf mich?	Ich habe sehr wenig Geld.	Ich habe das Gefühl, ich muss machen, was die Betreuer sagen.
Ich war anders als meine Geschwister. Ich bin auf eine andere Schule gegangen.	Ich habe viele Mitbewohner. Nicht alle mag ich. Manche sind laut und stören mich.	Ich kann mich nicht alleine waschen. Betreuer waschen mich. Das fühlt sich nicht immer gut an.
Haben meine Eltern und Geschwister sich manchmal für mich geschämt?	Wenn ich gestresst bin, kann ich mich nicht beruhigen. Manchmal raste ich dann aus und verletze mich selbst.	Ständig mischen sich andere in meine Angelegenheiten ein. Sie trauen mir keine guten Entscheidungen zu.
Ungewohnte Situationen machen mir große Angst.		Ich darf kein Haustier haben. Ich bin oft alleine.
Ich muss mich an Regeln halten: Ich kann z.B. nicht essen wann ich will. Ich kann nicht ins Bett gehen wann ich will.		Meine Mitbewohner nehmen wenig Rücksicht. Manchmal beleidigen sie mich oder sie schubsen.
Wenn ich etwas schönes unternehmen will, brauche ich Hilfe und muss warten, bis die Betreuer Zeit haben.		Ich bin neugierig auf Sex, aber es ist schwierig.
Ich hätte gerne einen Führerschein und ein cooles Auto, aber das geht nicht.	Ich kann nicht richtig sprechen. Andere verstehen mich oft nicht.	Ich hätte gerne Kinder, aber das geht nicht.
Ich musste oft zum Arzt und war lange Zeit alleine im Krankenhaus. Das war schlimm.	Ich kann nicht alleine auf die Toilette gehen. Manchmal nässe ich ein.	Ich habe nur wenige Freunde. Ich habe keinen Partner.
Ich musste früh von zuhause ausziehen und ins Internat gehen.	Meine Betreuer kann ich mir nicht selbst aussuchen. Nicht alle Betreuer sind nett.	Manchmal haben die Betreuer schlechte Laune und sind grob.
Ich habe keinen Beruf und verdiene nur wenig Geld. Meine Arbeit kann ich mir nicht aussuchen.	Ich fahre selten in den Urlaub. Ich gehe selten aus.	Ich habe ein kleines Zimmer in einem Wohnheim. Ich hätte lieber eine eigene Wohnung.

Abb. 3.2 Denkanstoß: Wie lebst du?

braucht es ausreichende kognitive Fähigkeiten. Typische schädliche Verhaltensweisen aus der Praxis der Behindertenarbeit sind:

- Ungezügelter Kaffee-, Alkohol- oder Nikotinkonsum
- Exzessives Onanieren und/oder exhibitionistisches Verhalten
- Offensives und/oder übergriffiges Sexualverhalten
- Delinquentes Verhalten
- Ungezügeltes Essen
- Ungezügelter Süßigkeitenkonsum
- Maßloses Fernsehen/Computerspielen
- Langes Aufbleiben und folglich unpünktliches und unzuverlässiges Verhalten am Arbeitsplatz
- Ungezügelte Geldausgaben
- Glücksspiel
- Unangemessenes Sozialverhalten
- etc.

Typisch sind auch aggressive, selbstverletzende und zerstörerische Verhaltensweisen, die bei bis zu 16,8 % aller Menschen mit Intelligenzminderung beobachtet werden (Lowe et al., 2007), und die damit bei dieser Personengruppe deutlich häufiger auftreten als bei Menschen ohne Intelligenzminderung (Emerson et al., 2005).

Dass harte Suchtmittel unter den Menschen mit Intelligenzminderung zum Glück nicht weit verbreitet sind, liegt einzig und allein daran, dass der Zugang zu diesen Suchtmitteln und der entsprechenden Peergroup fehlt, ebenso wie das Wissen darüber, wie solche Suchtmittel konsumiert werden. Wäre dies anders, dann läge bei dieser Personengruppe mit Sicherheit ein massives Suchtproblem vor.

Um ein „Problem" zu lösen kann es oft ausreichen, kleine Veränderungen in der Lebenswelt umzusetzen (Milieutherapie) (Došen, 2010): Viel zu oft wird der Mensch mit Behinderung automatisch zum „Problemträger" gemacht. Dabei kann die Ursache eines Problemverhaltens genauso gut in der Lebenswelt zu finden sein (vgl. biopsychosoziales Modell der ICF- s. Abschn. 3.1). Noch bevor also MI zum Einsatz kommt, um die Motivation zur Verhaltensänderung zu wecken, sollte daher eine ausführliche Analyse der Lebenswelt des Klienten erfolgen, um herauszufinden, ob hier ggf. Anpassungen geeignet wären, um die Lebensqualität des Klienten so zu verbessern, dass er sein „Problem" vielleicht gar nicht mehr „braucht".

Merke Der Kontext, in dem ein Problemverhalten auftritt, kann dazu beitragen, das Problemverhalten aufrechtzuerhalten. Kleine Veränderungen im Milieu können oft zu positiven Veränderungen führen.

Vor Beginn des MI-Prozesses sollte deshalb eine Bestimmung des sozio-emotionalen Entwicklungsstandes (s. Abschn. 3.1) sowie eine ausführliche Analyse der Lebenswelt des Klienten durchgeführt werden, um ggf. erleichternde Anpassungen anzuregen, die das „Problemverhalten" positiv beeinflussen können.

3.3 MI im Zwangskontext

Wie soeben beschrieben, leben viele Menschen mit Intelligenzminderung in speziellen Einrichtungen und stehen unter rechtlicher Betreuung, sodass sie institutionellen Zwängen unterworfen sind. Ihre Entscheidungsfreiheit ist oft erheblich eingeschränkt.

Wenn ein solcher Klient in die Beratung kommt, bedeutet dies, dass der Arbeitsauftrag oft gar nicht vom Klienten selbst ausgeht, sondern dass er von den Angehörigen oder dem Betreuungspersonal geschickt wurde. Wenn der Berater selbst in der Einrichtung angestellt ist, in der der Klient betreut wird (beispielsweise als Fachdienst), besteht zudem zwischen dem Klienten und dem Berater ein gefühltes Machtgefälle, welches die Interaktion auf Augenhöhe (die wesentlich für die Grundhaltung von MI ist) erschwert. Das bedeutet, dass der Klient oft automatisch von Anfang an etwas mehr im Widerstand ist (s. Kap. 6), als wenn es sich um einen freiwilligen Kontext handeln würde. Dadurch wird es auch automatisch etwas schwieriger für den Klienten, die eigenen guten Gründe für eine Verhaltensänderung aufzuspüren, und für den Berater, diese Veränderungsgründe zu „erwecken".

Als Fachkraft hat man meist auch ein doppeltes Mandat, da man in der Einrichtung nicht nur beratend tätig ist, sondern in gewisser Weise auch kontrollierend bzw. sanktionierend (Man stelle sich z.B. vor, der Klient würde davon berichten, dass er regelmäßig Geld aus der Einrichtungskasse stiehlt, um sich davon Alkohol zu kaufen). Zudem hat man der Institution, in der man als Berater arbeitet, gerecht zu werden, indem man den Einrichtungsvorgaben treu bleibt (z.B. Hausregeln, etc.), und den Klienten dazu animieren muss, sich ebenso an diese Regeln zu halten. Dies schränkt die Freiheiten auch im Rahmen der Beratung ein.

All dies sollte man sich als Berater bewusst machen und einen Weg finden, trotz der äußeren Einschränkungen in diesem Spannungsfeld agieren zu können. Die gute Nachricht ist, dass MI trotz dieser Einschränkungen gerade in Zwangskontexten deutlich besser geeignet ist, positive Verhaltensänderungen zu fördern als andere autoritärere Mittel (Miller & Rollnick, 2015).

Fazit: Grundannahmen über unsere Klienten

Aufbauend auf dem, was bisher über die innere Ambivalenz von Menschen in Bezug auf eine Verhaltensänderung (s. Abschn. 2.5), aber auch über die Lebenswelt von Menschen mit Intelligenzminderung beschrieben wurde, sollten den Berater folgende Annahmen über seine Klienten im Beratungsprozess leiten:

- Die Klienten sind nicht unmotiviert, sondern ambivalent.
- Alle Menschen tragen das Potenzial (und den insgeheimen Wunsch) zu positiver Veränderung in sich.
- Die Klienten sind nicht non-compliant, sondern haben Gründe für ihr Verhalten.
- Schädliches Verhalten hat „gute" Gründe und kann bisher dabei geholfen haben, durchs Leben zu kommen.
- Die Klienten wissen am besten, in welcher Geschwindigkeit und auf welche Weise sie ihr Verhalten ändern können.
- Die Klienten haben oft nicht gelernt, an sich selbst zu glauben. Wertschätzung und Kompetenzzuversicht helfen ihnen, ihre Verhaltensänderung durchzuhalten.

3.4 Eine Warnung (5 Fallen)

Wenn man die Haltung von MI ernst nimmt und sich die Kontextbedingungen der Lebenswelt von Menschen mit Intelligenzminderung stets vor Augen führt, ergeben sich für die beratende Fachkraft im Behindertenbereich ganz besondere Anforderungen, die sie erfüllen sollte, um MI erfolgreich durchzuführen. Diese Anforderungen kann man auch als „Fallen" formulieren, in die man als Fachkraft im Behindertenbereich niemals tappen sollte, schon gar nicht, wenn man MI erfolgreich anwenden möchte.

Die Expertenfalle

In die Expertenfalle tappt man laut Miller und Rollnick (2015) dann, wenn man nicht aus dem Grundmotiv der Partnerschaftlichkeit heraus agiert (s. Abschn. 2.4). Aufgrund der kognitiven Einschränkungen des Klientels besteht bei vielen Fachkräften die innere Gewissheit, „es besser zu wissen“ als der Klient. Man ist schnell der Meinung, man wüsste ganz genau, was gut für seinen Klienten sei. Und da einem die eigene Meinung so klar und logisch vorkommt, geht man davon aus, man müsse sein Wissen nur mit dem Klienten teilen, und dann müsse doch auch er einsehen, dass man Recht habe, und sein Verhalten sofort radikal ändern.

Doch mit dieser Einstellung ist man von der Realität weit entfernt. Ein Veränderungsimpuls muss von innen heraus erfolgen, damit er nachhaltig ist. Das Agieren aus der Expertenhaltung heraus wird in erster Linie Reaktanz erzeugen, was das Problemverhalten eher noch stabilisiert als auflöst (Lippert, 2021).

Die Rechthabe-Falle

Die Rechthabe-Falle ist mit der Expertenfalle eng verwandt. Miller und Rollnick (2015) bezeichnen sie als den „Righting-Reflex“ (zu Deutsch: Korrekturreflex). Sie beschreibt den automatischen Reflex des Beraters, ein Problem beim Klienten zu erkennen und sofort stellvertretend für ihn lösen zu wollen. Problematisch daran ist, dass dies die Motivation des Klienten unterdrückt, seine Probleme selbstständig und eigenverantwortlich zu bewältigen.

In der Beratung führt dies außerdem dazu, dass die Beziehung zwischen Klienten und Berater in eine Schieflage gerät, und der Klient mit der Zeit automatisch vom Berater erwartet, dass dieser seine Probleme stellvertretend für ihn löst, wodurch der Klient in eine Starre gerät, und sich nicht weiterentwickeln kann. Insgesamt führt diese Dynamik dazu, dass sich die gewünschte Verhaltensänderung nicht einstellen wird. Vielmehr wird der Klient in seinen altbekannten Mustern verharren.

Die Verantwortungsfalle

Veränderung ist auch mit Verantwortung verbunden. Gerade im Bereich der Behindertenarbeit zeigen viele Fachkräfte die Tendenz dazu, die volle Verantwortung für Wohl und Wehe ihrer Klienten übernehmen zu wollen (Kendel, 2004).

Diese Verantwortung muss der Berater jedoch beim Klienten belassen. Schließlich muss der Klient mit seiner Entscheidung leben- nicht der Berater. Der Berater hat die Aufgabe, alle professionellen Methoden einzusetzen, die er in seinem Handwerkskoffer hat, um dem Klienten zu einem bestmöglichen Ergebnis zu verhelfen. Mehr kann er aber nicht tun. Nimmt der Klient seine Chance nicht wahr, so muss der Berater dies akzeptieren. Der Berater muss Abstand von seinen eigenen Zielen und dem Wunsch nehmen, dem Klienten helfen zu wollen. Das viel besungene Helfersyndrom richtet oft mehr Schaden als Nutzen an-sowohl für den Klienten als auch für den Berater, der dazu neigt, sich zu verausgaben. Ähnlich wie bei der Rechthabe-Falle spürt der Klient sonst sofort, dass er die Verantwortung abgeben kann, und umso weniger wird er sein eigenes Verhalten hinterfragen und verändern.

Die Interpretationsfalle

Der Berater kennt nicht den gesamten Kontext, die Lebensumstände und die Biografie eines Menschen. Ebenso wenig kennt er seine inneren Werte und persönlichen Antreiber. Als Berater sieht man immer nur einen Bruchteil des Ist-Zustandes einer menschlichen Existenz. Was der Berater wahrnimmt, kann er nur auf Basis seiner eigenen Erfahrungen, Werte, etc. interpretieren. Mit dieser Interpretation tut er dem Klienten aber Unrecht, denn die Wahrscheinlichkeit, dass diese subjektive Interpretation genau das erfasst, was den Klienten innerlich wirklich bewegt, geht gegen null. Nur der Klient selbst kann erahnen (ganz genau weiß auch er selbst es nicht), welche Erfahrungen ihn leiten, welche Dinge ihn triggern, welche Gefühle ihn antreiben, welche Glaubenssätze in ihm arbeiten, etc. Aus diesem Grund ist es dem Prozess sehr hinderlich, das Verhalten des Klienten auf Basis der eigenen Erfahrungen zu interpretieren.

Die Konfrontationsfalle

Eine zu strenge Konfrontation mit der Realität und den negativen Folgen eines bestimmten Verhaltens kann dazu führen, dass der Klient automatisch in den Fluchtmodus geht. Dies kann sich darin äußern, dass er sein Verhalten leugnet und vertuscht, oder dass er Ausreden oder Ausflüchte findet. Diese Falle ist deshalb so gefährlich, weil es sehr wichtig ist, ein gutes, vertrauensvolles Arbeitsverhältnis zum Klienten aufrechtzuerhalten. Wird der Klient zu heftig konfrontiert, wird er die Beratung meiden, den Berater anlügen, und mit hoher Wahrscheinlichkeit irgendwann die Zusammenarbeit abbrechen (Der Klient kann die Zusammenarbeit übrigens auch innerlich kündigen- davon wird man äußerlich erstmal kaum etwas merken, aber die erwünschten Ergebnisse bleiben aus). Weil der Klient dann so sehr damit beschäftigt ist, sein Verhalten zu verstecken und zu verteidigen, bleiben ihm nicht mehr genug Ressourcen, um sein Verhalten zu hinterfragen. Eine erfolgreiche Verhaltensänderung wird dadurch eher behindert als gefördert.

Negatives Fallbeispiel aus der Praxis: So sollte es NICHT laufen!

Ein Wohnheimbewohner mittleren Alters mit leichter Intelligenzminderung hatte seit Jahren ein Alkoholproblem, welches sich zunehmend verschärfte. Der Bewohner trank bevorzugt Wein, den er sich selbst im Supermarkt kaufte und dann abends heimlich auf seinem Zimmer konsumierte. Zusätzlich unternahm er abendliche Streiftouren durchs Viertel, bei denen er in verschiedenen Lokalitäten einkehrte, um Bier und Wein zu trinken. Der Bewohner selbst empfand sein Verhalten nicht als problematisch.

Das Betreuungspersonal beobachtete mit Sorge eine Zunahme der Alkoholmenge und eine zunehmende Verwahrlosung bei dem Bewohner. Zudem wurden gesundheitliche Schäden, soziale Ausgrenzung, sowie der Verlust des Werkstattplatzes befürchtet.

Aus diesem Grund wurde dem Bewohner täglich ins Gewissen geredet, seinen Alkoholkonsum einzustellen. Dem Bewohner wurde immer wieder vor Augen geführt, wie schädlich sein Konsum doch sei und welche gesundheitlichen Risiken er eingehe. Es wurden tägliche Gesprächszeiten eingeführt, zu denen der Bewohner über die Höhe der konsumierten Alkoholmenge Rechenschaft ablegen sollte. Auch der Einsatz eines Alkotests wurde diskutiert. Der ein oder andere Betreuer schlug noch strengere Töne an und drohte mit Verlust des Wohnheimplatzes, wenn der Bewohner das Problem nicht in den Griff bekomme.

Da der Bewohner dennoch keine größeren Anstalten machte, seinen Alkoholkonsum zu reduzieren, wurde ihm eine mehrwöchige Kur in einer Entzugsklinik organisiert, zu der der Bewohner freudig aufbrach. Er empfand die Zeit in der Entzugsklinik als schön und verglich sie im Nachhinein gern mit einem Urlaub. Er schwärmte im Nachgang der Kur von den vielen Ausflügen und Bastelangeboten, die es dort gab. An die therapeutischen Inhalte hingegen konnte er sich weniger gut erinnern. Tatsächlich hat er in der Entzugsklinik auch abstinent gelebt.

Zur Rückfallprophylaxe haben die Betreuer dem Bewohner anschließend einen Platz in einer Selbsthilfegruppe, sowie Einzelstunden bei einem externen Suchtberater organisiert. Beide Angebote nahm der Bewohner gerne an, da sie ihm viel positive Aufmerksamkeit und eine willkommene Abwechslung von seinem Alltag boten.

Während dieser ganzen Zeit behauptete er, er sei abstinent und wolle auch zukünftig keinen Alkohol mehr trinken. Im Nachhinein stellte sich heraus, dass er dabei gelogen hatte (und das über einen Zeitraum von über einem Jahr hinweg). Seine Lügen gestaltete er immer weiter aus, da er die mit seiner angeblichen Abstinenz verbundene Anerkennung und das Lob sehr genoss. Er belog jedoch nicht nur seine Betreuer, sondern auch die anderen Teilnehmer seiner Selbsthilfegruppe, und auch seinen Suchtberater. De facto hatte sich an seinem Konsumverhalten nichts geändert. Nach wie vor unternahm er seine abendlichen Streifgänge durch die Lokale, und er trank auch weiterhin heimlich Wein in seinem Zimmer.

Was ist passiert?

In der gut gemeinten Absicht, den Bewohner vor den negativen Konsequenzen seines schädlichen Verhaltens zu schützen (Korrekturreflex), und weil die Bezugspersonen abschätzen konnten, auf welches Ende der Bewohner zulief, wenn er an seinem Alkoholkonsum nichts ändere (Expertenfalle), haben sie die gesamte Verantwortung übernommen (Verantwortungsfalle), und dem Bewohner eine Kur, eine Selbsthilfegruppe und eine Suchtberatung vermittelt.

All diese Maßnahmen waren sehr gut gemeint. Dabei wurde jedoch übersehen, dass der Bewohner von Anfang an keine intrinsische Motivation dazu hatte, sein eigenes Verhalten zu hinterfragen oder zu ändern. Es wurde auch übersehen, dass das Verhalten des Bewohners vermutlich gute Gründe hatte (Lustgewinn, Ablenkung, soziale Kontakte, etc.), die ihm viele Vorteile boten.

Wer als Fachkraft konsequent die Haltung des MI einnimmt, wird diese Fallen automatisch umgehen. Um Veränderungsmotivation zu erzeugen und Widerstände abzubauen, ist es wichtig, die Lebensweisheit des Klienten und seine inneren Antreiber anzuerkennen. Dies gilt besonders für die Arbeit mit Menschen mit Intelligenzminderung. Es ist immer wieder erstaunlich zu beobachten, wie diese Menschen plötzlich aufblühen, sobald sie die Erfahrung machen, einfach nur ernst genommen, und wie erwachsene Menschen behandelt zu werden.

Als Berater hat man weder die Rolle eines Experten noch die eines Heilers. Es ist nicht der Job des Beraters, das Leben des Klienten in Ordnung zu bringen. Man sollte den Klienten daher nicht seiner Möglichkeit berauben, sein Schicksal in die eigenen Hände zu nehmen.

Literatur

American psychiatric association (Hrsg.). (2013). *Diagnostic and statistical manual of mental disorders* (5. Aufl.). American psychiatric publishing.

Beauftragter der Bundesregierung für die Belange von Menschen mit Behinderungen. (2018). *Die UN-Behindertenrechtskonvention – Übereinkommen über die Rechte von Menschen mit Behinderung – Die amtliche, gemeinsame Übersetzung von Deutschland, Österreich, Schweiz und Lichtenstein*. Hausdruckerei BMAS.

Deutsches Institut für medizinische Dokumentation und Information [DIMDI]. (Hrsg.) (2019). *Internationale statistische Klassifikation der Krankheiten und verwandter Gesundheitsprobleme 10. Revision- WHO-Ausgabe.*

Dilling, H., & Freyberger, H. J. (2019). *ICD-10. Taschenführer zur ICD-10-Klassifikation psychischer Störungen* (9. Aufl.). Hogrefe.

Došen, A. (2010). *Psychische Störungen, Verhaltensprobleme und intellektuelle Behinderung*. Hogrefe.

Emerson, E., Robertson, J., & Wood, J. (2005). Emotional and behavioral needs of children and adolescents with intellectual disabilities in an urban conurbation. *Journal of Intellectual Disability Research, 49*, 16–24.

Erretkamps, A., Kufner, K., Schmid, S., Bengel, J. (2017). *Depression bei Menschen mit geistiger Behinderung*. .

Kendel, B. (2004). Zur Bedeutung der zwischenmenschlichen Beziehung als Entwicklungsfaktor und Ressource in kritischen Entwicklungsphasen. In E. Wüllenweber & G. Theunissen (Hrsg.), *Handbuch Krisenintervention Band 2 – Praxis und Konzepte zur Krisenintervention bei Menschen mit geistiger Behinderung* (S. 175–218). Kohlhammer.

King, B. H., Toth, K. E., Hodapp, R. M., & Dykens, E. M. (2009). Intellectual diability. In B. J. Sadock, V. A. Sadock, & P. Ruiz (Hrsg.), *Kaplan & Sadock's comprehensive textbook of psychiatry* (9. Aufl., S. 3444–3474). Lippincott Williams & Wilkins.

Ling, A., & Theunissen, G. (2000). *Psychische Störungen und geistige Behinderung*. Lambertus.

Lippert, A. (2021). *Motivation stärken in Therapie und Beratung*. Springer.

Lowe, K., Allen, D., Jones, E., Brophy, S., Moore, K., & James, W. (2007). Challenging behaviors: Prevalence and topograhies. *Journal of Intellectual Disability Research, 51*, 625–636. https://doi.org/10.1111/j.1365-2788.2006.00948.x

Miller, W. R., & Rollnick, S. (2015). *Motivierende Gesprächsführung* (3. Aufl.). Lambertus.

Netzwerk People First Deutschland e.V. (o.J.). *Kämpf gegen den Begriff „geistig behindert“*. https://mezu.kobinet-nachrichten.org/was-tun-wir/kaempf-gegen-den-begriff-geistig-behindert/. Zugegriffen am 20.06.2025.

Porcelan, J. A., Caujolle-Alls, K. E., & Gentile, J. P. (2019). Dismantling fears associated with intellectual disability: An evidence-based practice. *Innovative Clinical Neuroscience, 16*(11–12), 14–18.

Sappok, T., & Zepperitz, S. (2016). *Das Alter der Gefühle. Über die Bedeutung der emotionalen Entwicklung bei geistiger Behinderung*. Hogrefe.

Sappok, T., Zepperitz, S., Fergus Barret, B., & Došen, A. (2018). *SEED Skala der emotionalen Entwicklung – Diagnostik*. Hogrefe.

Schäfers, M. (2008). *Lebensqualität aus Nutzersicht – Wie Menschen mit geistiger Behinderung ihre Lebenssituation beurteilen*. VS Research.

Schanze, C. (2014). Orientierungshilfen zum besseren Verständnis der Erfahrungswelt von Menschen mit Intelligenzminderung. In C. Schanze (Hrsg.), *Psychiatrische Diagnostik und Therapie bei Menschen mit Intelligenzminderung* (2. Aufl., S. 403–418). Schattauer.

Sozialgesetzbuch Neuntes Buch – Rehabilitation und Teilhabe von Menschen mit Behinderungen, (2018). https://www.gesetze-im-internet.de/sgb_9_2018/

Trescher, H. (2018). *Ambivalenzen pädagogischen Handelns – Reflexion der Betreuung von Menschen mit „geistiger Behinderung“*. Transcript.

World Health Organization [WHO]. (Hrsg.) (2008). *International classification of functioning, disability and health (ICF).*

World Health Organization [WHO] (Hrsg.). (2016). *Internationale Klassifikation psychischer Störungen: ICD–10 Kapitel V (F). Diagnostische Kriterien für Forschung und Praxis*. Hogrefe.

World Health Organization [WHO]. (Hrsg.) (2022). *International classification of diseases for mortality and morbidity statistics - eleventh revision.*

Wüllenweber, E. (2001). Behindertenpädagogische Krisenintervention bei Menschen mit geistiger Behinderung. In E. Wüllenweber & G. Theunissen (Hrsg.), *Handbuch Krisenintervention – Hilfen für Menschen mit geistiger Behinderung – Theorie, Praxis, Vernetzung* (S. 141–160). Kohlhammer.

Die Prozessphasen von MI

4

Zusammenfassung

Das Kapitel bietet einen detaillierten Überblick über die vier zentralen Phasen, die den Beratungsprozess des MI strukturieren. Diese Phasen bauen aufeinander auf und müssen sorgfältig durchlaufen werden, um die gewünschte Verhaltensänderung beim Klienten zu fördern. Die erste Phase, der **Beziehungsaufbau (Engaging)**, zielt darauf ab, Vertrauen zu schaffen und eine Atmosphäre der Sicherheit zu erzeugen, damit der Klient offen über seine Probleme sprechen kann. Diese Phase ist entscheidend, da sie die Grundlage für die gesamte folgende Arbeit bildet. In der zweiten Phase, der **Themenauswahl (Focusing)**, wird gemeinsam mit dem Klienten ein zentrales Problem oder Verhalten identifiziert, an dem gearbeitet werden soll. Diese Fokussierung hilft, dem Beratungsprozess ein Ziel zu geben und ein Abschweifen zu vermeiden.Die dritte Phase, das **Erwecken der Veränderungsmotivation (Evoking)**, stellt das Herzstück des MI-Prozesses dar. Hier werden durch gezielte Gesprächstechniken Veränderungsimpulse (der sogenannte Change-Talk) gestärkt. Am Ende dieser Phase steht der konkrete Veränderungsentschluss. Schließlich wird in der **Planungsphase (Planning)** ein konkreter Handlungsplan entwickelt, der den Klienten dabei unterstützt, seine Ziele zu erreichen. Jede dieser Phasen erfordert spezifische Techniken und eine klientenzentrierte Haltung, um eine nachhaltige Verhaltensänderung zu ermöglichen.

B. Metzger, *Motivierende Gesprächsführung bei Menschen mit Intelligenzminderung*, https://doi.org/10.1007/978-3-662-70837-8_4

4.1 Überblick über die Prozessphasen von MI

Der Beratungsprozess nach MI gliedert sich in mehrere Phasen, die aufeinander aufbauen. Damit die Methode stets auf einem soliden Fundament steht, ist es wichtig, sich für jede der Phasen ausreichend Zeit zu nehmen. Keine der Phasen kann übersprungen oder abgekürzt werden. Bei Menschen mit Intelligenzminderung kommt außerdem die Besonderheit hinzu, dass es im Laufe des Prozesses jederzeit zur Stagnation kommen kann, und man erst dann inhaltlich weiterkommt, wenn man einen Schritt zurück geht und vorangegangene Phasen nochmal wiederholt. Es ist also wichtig, eine flexible Haltung einzunehmen und bei jedem Beratungstermin neu zu analysieren, an welcher Stelle des Prozesses der Klient gerade steht. Wenn das bedeutet, dass man ein oder mehrmals eine Schleife drehen, und bestimmte Prozessphasen noch einmal wiederholen muss, dann ist das für den Klienten wichtig und für den Prozess vollkommen in Ordnung.

Damit dieses Buch auch für Menschen verständlich bleibt, die nicht englisch sprechen, werden bei der Darstellung der Prozessphasen in diesem Buch nicht immer die englischsprachigen Originalbegriffe verwendet. Die hier verwendeten Begriffe sind eine sinngemäße Übersetzung der englischen Originalbegriffe ins Deutsche. Es sei jedoch darauf hingewiesen, dass die englischsprachigen Begriffe die Konzepte teilweise deutlich besser beschreiben, als es die deutsche Übersetzung kann. Aus diesem Grund verwenden viele Praktiker auch in Deutschland ganz selbstverständlich die englischen Begriffe. Dies trifft insbesondere auf die Begriffe **Change-Talk** (Veränderungsaussagen), **Sustain-Talk** (Zustands-Erhaltungsaussagen) und **Commitment-Talk** (Selbstverpflichtungsaussagen) zu, weshalb darum gebeten wird, sich auf diese drei englischsprachigen Termini einzulassen. Für alle anderen Termini werden die deutschen Übersetzungen der Begriffe verwendet. Zur besseren Orientierung und als Entscheidungshilfe für den eigenen Sprachstil findet sich im Anhang des Buches ein Glossar mit den englischen Originalbegriffen und der hier verwendeten deutschen Übersetzung.

Die Abb. 4.1 zeigt die 4 Prozessphasen von MI nach Miller und Rollnick (2015) im Überblick.

Wie am Schaubild erkennbar ist, ruhen die 4 Prozessphasen auf den 3 Säulen, die bereits in Abschn. 2.4 eingeführt wurden, und die die Grundhaltung des Beraters im Rahmen des MI-Prozesses repräsentieren.

Es gibt keine Vorgaben dahingehend, wie lange der gesamte MI-Prozess dauern sollte. Dies ist von Klient zu Klient unterschiedlich. Der Erfahrung nach kann allein schon die Phase zum Beziehungsaufbau mehrere Sitzungen in Anspruch nehmen. Empfohlen wird für die einzelnen Sitzungen eine übliche Länge von maximal einer Stunde (bei Bedarf gerne auch deutlich kürzer- angepasst an die Aufnahmefähigkeiten des Klienten). Insgesamt sollen so viele Sitzungen angeboten werden, wie nötig. Auch die Abstände zwischen den Sitzungen können abhängig von den Bedürfnissen und Möglichkeiten des Klienten frei gewählt werden. (Für weitere Hinweise und Besonderheiten in der Strukturierung des Beratungssetting bei Menschen mit Intelligenzminderung sei auf Kap. 7 verwiesen).

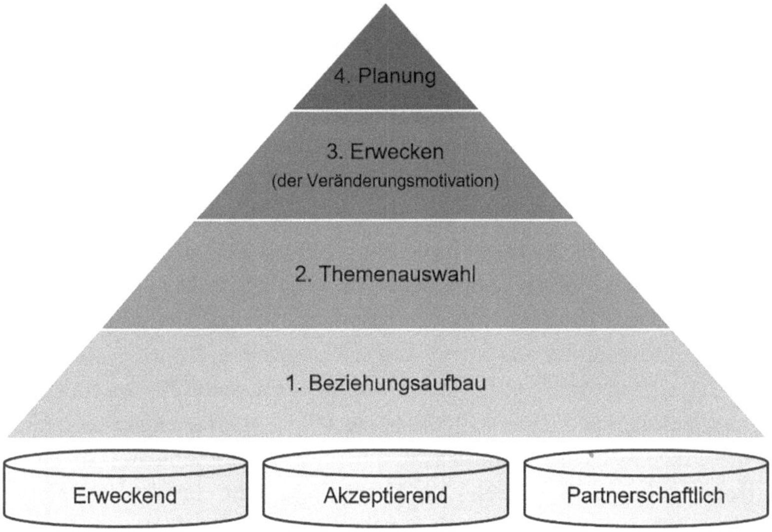

Abb. 4.1 Prozessphasen im Überblick

4.2 Die erste Phase: Beziehungsaufbau (Engaging)

Aus der Therapieforschung ist bekannt, dass die Beziehung zwischen Berater und Klient wesentlich darüber entscheidet, ob der Beratungsprozess zu Ende geführt wird, und ob er im Ergebnis erfolgreich verlaufen wird. Deshalb lohnt es sich, in den Aufbau einer guten und tragfähigen Beziehung zu investieren, welche laut Miller und Rollnick (2015) im Wesentlichen von gegenseitigem Vertrauen und Respekt gekennzeichnet ist (Abb. 4.2).

Wenn man MI anwendet, geht es grundsätzlich immer um ein für den Klienten eher unangenehmes oder heikles Thema. Wenn er über sein „Problemthema" sprechen soll, muss er sich ein Stück weit verwundbar machen. Darüber zu sprechen, wird dem Klienten zunächst deutliches Unbehagen bereiten, zumal der Klient es womöglich ohnehin schon gewohnt ist, wegen dieses Themas angegriffen oder kritisiert zu werden. Er wird bisher viel Druck und Zwang gewohnt sein und dies auch vom Berater erwarten. Auch die ungewohnte Beratungssituation und der unbekannte Berater können Unsicherheiten und Ängste auslösen. Es ist deshalb nicht ungewöhnlich, dass Klienten mit einer gewissen Skepsis und Abwehrhaltung zu den ersten Sitzungen erscheinen.

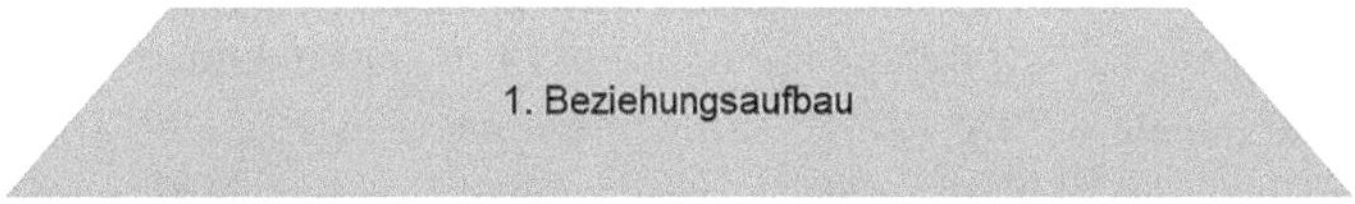

Abb. 4.2 Beziehungsaufbau

In der Phase des Beziehungsaufbaus geht es deshalb darum, eine Atmosphäre des Vertrauens zu schaffen und dem Klienten ein Gefühl von Sicherheit und Geborgenheit zu vermitteln. Miller und Rollnick (2015) bezeichnen diese Phase des Beratungsprozesses als „Engaging-Phase“. Frei übersetzt bedeutet „Engaging“ so etwas wie „Einnehmen, Einbinden“. Es geht in dieser Phase also darum, den Klienten in den Prozess einzubinden und für eine Zusammenarbeit zu gewinnen.

Wenn möglich sollte das eigentliche „Problemthema“ in dieser Phase noch nicht vertieft angesprochen werden. Wichtiger ist es, sich voll und ganz dem Beziehungsaufbau zu widmen, und die Skepsis des Klienten behutsam abzubauen. Der Klient wird im Laufe dieser Phase erkennen, dass man ihm wohlgesonnen ist, und dass er echte und ehrliche Unterstützung auf seinem frei gewählten Weg erwarten kann.

Die ersten Gespräche sind zudem ideal dazu geeignet, sich über neutrale persönliche Themen auszutauschen und dadurch Nähe herzustellen. Hierfür eignen sich biografische Themen, die Frage nach der Familienstruktur, eine Exploration des sozialen Hintergrundes, Hobbies, Stärken und Ziele, etc. Dadurch entsteht ein vertieftes Kennenlernen und eine wertschätzende Atmosphäre. Der Klient wird das ihm entgegengebrachte Interesse positiv wahrnehmen und sich zunehmend wohler fühlen.

In dieser Phase von MI sollte sich der Berater noch mehr als in den anderen Phasen von seiner eigenen Agenda lösen, und den Klienten vorbehaltlos so annehmen wie er ist und mit dem empfangen, was er mitbringt. Viele Menschen mit Intelligenzminderung haben Spezialinteressen, die ihnen sehr wichtig sind, und die sie sehr schnell einbringen werden. Auch diese Themen eigenen sich sehr gut für den Beziehungsaufbau und sollten aufgegriffen werden.

Die Phase des Beziehungsaufbaus ist so wichtig für den Gesamtprozess, dass Miller und Rollnick (2015) betonen, sie sollte mindestens einen Anteil von 20% am Gesamtprozess haben.

Wegen seiner großen Bedeutung sollte der Beziehungsaufbau auch nach Abschluss dieser Phase nicht enden, sondern in eine Art „Beziehungserhalt“ übergehen. Das bedeutet, dass er auch in den folgenden drei Phasen im Hintergrund weiter stattfinden muss, und dass seine Methoden (s. Abschn. 5.1) bei Bedarf (z. B. beim Auftreten von Dissonanzen in der Arbeitsbeziehung oder beim Auftreten von Widerständen) jederzeit verstärkt wieder eingesetzt werden. Dies kann in späteren Prozessphasen auch bedeuten, dass man das eigentliche „Problemverhalten“ zugunsten des Beziehungserhalts oder der Beziehungsreparatur phasenweise zurückstellt und erst wieder aufgreift, wenn die gesunde Arbeitsbeziehung wieder hergestellt ist.

Obwohl das grundsätzlich sehr einfach und intuitiv klingen mag, muss betont werden, dass Beziehungsaufbau nicht mit banalem Small-Talk zu verwechseln ist. Smalltalk ist ein reziproker Austausch. Wie im gesamten MI-Prozess gilt jedoch auch in dieser Phase, dass es ausschließlich um den Klienten geht, und dass er mit Abstand die meiste Redezeit erhalten sollte. Aussagen zur eigenen Person des Beraters, zu eigenen Erfahrungen, zum eigenen Privatleben und Ähnliches sind zu vermeiden. Außerdem ist auch im Beziehungsaufbau immer an die Grundhaltung von MI zu denken und akzeptierend, wertschätzend, empathisch auf Augenhöhe zu agieren. Ein übertriebenes Umgarnen des Klienten sowie der Einsatz zu vieler Komplimente sind zum Beziehungsaufbau eher ungeeignet, da sie das Prinzip der Augenhöhe verletzen und schnell unnatürlich wirken. Dies könnte den Klienten irritieren und im schlechtesten Fall sogar ein Klienten-Verhalten induzieren, das sich an den Komplimenten des Beraters ausrichtet. Klienten, die sich sehr über ein Lob oder ein Kompliment des Beraters freuen, neigen dazu, sich im weiteren Verlauf sehr konform zu verhalten, um weiterhin gelobt zu werden. Auf diese Weise würde keine innere Motivation geweckt, und jede Verhaltensänderung ließe sich maximal so lange aufrechterhalten, wie sie durch das Lob des Beraters unterstützt wird.

Um den Beziehungsaufbau professionell zu gestalten, gibt es vier konkrete Methoden. Diese 4 Methoden sind: Offene Fragen, Bestätigen, Aktives Zuhören und Zusammenfassen. Das sind die **4 Kernmethoden** des MI, die man in jeder Phase jederzeit einsetzen kann. Sie sind sehr wichtig und sollten gut geübt werden.

▶ **Hinweis** Alle Methoden werden in Kapitel 5 ausführlich vorgestellt und der Leser kann an dieser Stelle frei entscheiden, ob er sich die Methodenkapitel parallel zum Phasenmodell erarbeiten möchte, oder ob er sich erst den MI-Prozess im Ganzen erschließt, und sich danach mit den einzelnen Methoden beschäftigt.

Die 4 Kernmethoden des MI

- Offene Fragen
- Aktives Zuhören
- Bestätigen
- Zusammenfassen

Zum besseren Verständnis, wie so ein Erstkontakt ablaufen könnte, folgt ein stark komprimiertes Transkript einer Erstsitzung mit einer Dame mit leichter Intelligenzminderung, die aufgrund ihres maßlosen Essverhaltens sehr adipös ist, und dadurch schon zahlreiche Gesundheitsprobleme entwickelt hat. Die hier eingeführten Methoden werden in Kapitel 5 genauer vorgestellt.

Gesprächsablauf	Methodeneinsatz
B: Hallo Frau F. ich freue mich, dass Sie gekommen sind. Ich bin Frau M. und arbeite hier in der Beratungsstelle. Wie darf ich Sie ansprechen- möchten Sie geduzt oder gesiezt werden?	Begrüßung, Vorstellung. Frage nach Anredeform stärkt die Beziehung.
A: Du kannst gerne „Du" sagen. Also Astrid.	
*B: Wunderbar Astrid, freut mich. Mein Name ist Barbara. Erzähl mal: **Wie gehts dir jetzt gerade?***	**Offene Frage.** Eigentliches Problemthema wird zunächst nicht angesprochen.
A: Eigentlich gut. Aber schon ein bisschen aufgeregt (lacht verlegen, reibt sich die Hände).	

Gesprächsablauf	Methodeneinsatz
B: Ich verstehe das. Es ist normal, aufgeregt zu sein, wenn man gar nicht weiß, was einen erwartet. Aber die Aufregung ist gar nicht nötig. Mach dir keine Sorgen. Wir besprechen hier heute nichts, was du nicht möchtest. Mir ist es ganz wichtig, dass du dich hier wohlfühlst, und das Gespräch für dich nicht unangenehm wird.	**Aktives Zuhören**
A: Okay, das ist gut (lacht verlegen).	
B: Alles, was wir hier besprechen, bleibt unter uns. Das bedeutet, dass ich es niemandem weitersage, außer du möchtest das. Ist das okay?	Hinweis auf Vertraulichkeit erhöht die Sicherheit und stärkt die Beziehung.
A: Ja das ist schon mal gut.	
*B: **Hast du denn irgendwelche Fragen an mich?***	Geschlossene Frage, die aber im Sinne einer **offenen Frage** gestellt ist (Welche Fragen hast du an mich?).
A: Nein. Ich schau jetzt einfach mal …	Klientin ist weiterhin abwartend.
*B: Okay dann würde ich dich gerne erstmal ein bisschen kennenlernen, wenn du einverstanden bist. **Sag doch mal- wo kommst du denn jetzt gerade her?***	**offene Frage** zu neutralem Thema
A: Ich komme gerade aus der Werkstatt. (Pause)… ich arbeite in der Weberei … also in der Weberei von der Werkstatt … Und da gehe ich normalerweise jeden Tag hin … Aber heute hat mich meine Betreuerin die Lisa hierhergebracht.	Ab hier: Hauptredeanteil bei der Klientin. Gesprächspausen werden freundlich ausgehalten, bis die Klientin weitererzählt.
*B: **Du arbeitest in der Weberei? Das klingt ja toll. Was machst du da genau?***	**Aktives Zuhören** (Wiederholung) **Bestätigung und Offene Frage**
A: Ich webe Sitzkissen und Teppiche (Pause)… Entweder am Tisch oder am großen Webstuhl … Manchmal weben wir auch zu zweit am Webstuhl … Meistens webe ich mit Fabian oder mit Alexandra. Die sind auch in meiner Gruppe. Die kenne ich schon sooo lange! (Pause) … Manchmal fädeln wir auch Wolle auf … das mag ich nicht so gern. Aber muss man machen, weil die Wolle brauchen wir. Oder wir reißen Stoffstreifen … Ich bin auch im Werkstattchor! (strahlt)	Frei berichten lassen. **Aktives Zuhören** durch Körpersprache (z. b. Nicken, Lächeln …). **Pausen zulassen**, bis Klientin weiterspricht.
B: Du bist im Werkstattchor! Was machst du da genau?	**Aktives Zuhören** (Wiederholung) **Offene Frage** (Werkstattchor scheint wichtig zu sein- dieses Thema sollte für den Beziehungsaufbau aufgegriffen werden).
A: Da geh ich immer am Donnerstag hin - zum Christoph, das ist der Chorleiter (kichert). Ich singe da. Und bisschen tanzen dazu (deutet Tanzbewegungen an). Wir singen „Oh happy day“ (strahlt)	
*B: **Wow, das ist ja englisch! Alle Achtung!***	**Bestätigung**
A: (lacht stolz). Ja! Und „Eine Seefahrt die ist lustig“…	
B: (Singt) Eine Seefahrt, die ist lustig, eine Seefahrt, die ist schön! Ja da kann man die Matrosen in der Unterhose sehn … (lacht). Stimmts?	**Humor**

Gesprächsablauf	Methodeneinsatz
A: (lacht, singt mit)- ja genau! (klatscht in die Hände) Hollahiiii, hollahooo …	Körpersprache lockert sich. Gemeinsames Lachen verbindet.
B: Na das muss ja ein lustiger Chor sein. Ich merke dir an, dass dir das Singen richtig Spaß macht …	**Bestätigung Aktives Zuhören** (Paraphrase)
A: (lacht und nickt) Ja!	
B: … ***und dass du ganz schön stolz auf deinen Chor bist.***	**Aktives Zuhören** (Paraphrase)
A: Ja, wir sind der Superchor! Wir haben auch viele Auftritte. Dieses Jahr hatten wir schon mehrere Mal. Zum Beispiel auf der Weihnachtsfeier … uuuund Sommerfest. Mit schönem Kleid. Und da gibts Applaus (klatscht). Meine Mama und mein Papa schauen auch zu (lacht).	
B: Alle Achtung. ***Da kommen sogar deine Eltern zum Zuschauen!***	**Aktives Zuhören** (Rephrase)
A: Ja (lacht)	
B: Wunderbar. Also Astrid, ***es freut mich*** *zu hören, dass du in der Werkstatt so* ***tolle*** *Dinge erlebst. Ich würde gerne in unseren kommenden Gesprächen noch mehr vom Chor hören. Aber vorher möchte ich dich fragen:* ***Warum bist du eigentlich zu mir gekommen? Was kann ich denn für dich tun?***	**Bestätigung** **Offene Frage** (Klientin fühlt sich wohl. Das Problemthema kann eingeführt werden.)
A: Ja die aus dem Wohnheim haben mich hierhergeschickt. Die regen sich darüber auf, ***dass ich zu dick bin****. (wirkt genervt)*	Das Problemthema sollte von der Klientin selbst genannt werden.
B: Ich verstehe. ***Dann bist du eigentlich nicht ganz freiwillig gekommen.*** *Deine Betreuer machen sich Sorgen um dich und dein Gewicht.* ***Scheint mir, als wärst du denen sehr wichtig. Erzähl mir ein bisschen mehr*** *über die Sache mit deinem Gewicht.*	**Aktives Zuhören** (Paraphrase) **Reframing** (Betreuer regen sich auf - du scheinst ihnen wichtig zu sein) Aufforderung zum Weitererzählen (i. S. e. **offenen Frage**)
A: Ja ich bin halt bisschen dick. Also ich war immer schon dick. Schon als Kind war ich dick. Ich find das auch nicht schlimm. Aber die Betreuer sagen halt, dass es schlecht ist …	

4.3 Die zweite Phase: Themenauswahl (Focusing)

In der Focusing-Phase geht es darum, das zentrale Thema herauszuarbeiten und dadurch zu definieren, um was es im folgenden MI-Prozess genau gehen soll. Das ist deshalb so wichtig, weil der Klient in der Regel mit einer Vielzahl von verschiedenen Problemen belastet ist, die für ihn unterschiedlich hohe Prioritäten haben. Es hat wenig Sinn, an einem „Problemthema" zu arbeiten, welches dem Berater oder anderen Bezugspersonen als sehr wichtig erscheint, solange der Klient seine inneren Ressourcen noch an ein anderes Thema gebunden hat, das ihm selbst subjektiv viel wichtiger ist. Es ist ratsam, die Probleme der Reihe nach abzuarbeiten und dabei mit dem Problem zu beginnen, welches die höchste Priorität für den Klienten hat (Abb. 4.3).

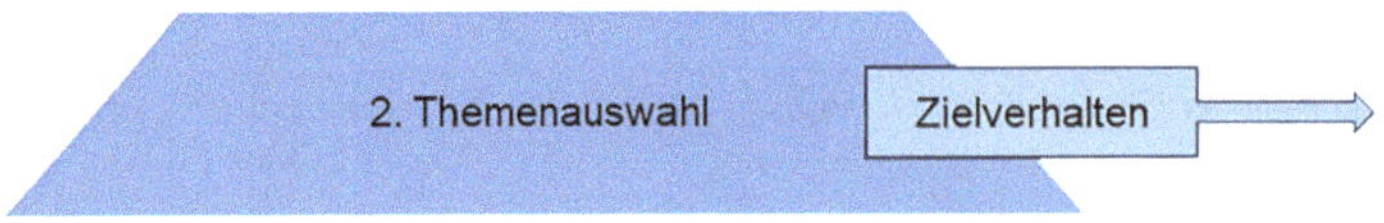

Abb. 4.3 Themenauswahl

Die Phase der Themenauswahl ist auch dazu da, die Vielzahl an Problemen, die häufig als stark miteinander verflochten empfunden werden, voneinander zu trennen, zu sortieren und einzeln zu betrachten. Dadurch wird im folgenden Prozess ein zielloses Schlingern vermieden, bei dem man immer wieder von einem Thema zum nächsten springt, ohne bei irgendeinem Thema zum Ergebnis zu kommen. Ein weiterer Vorteil dieser Phase liegt darin, dass man große Problembereiche in mehrere kleinere „Problemchen" herunterbrechen kann, was der „drohenden" Veränderung ihre Wucht nehmen kann, und die Zuversicht auf den kommenden Prozess erhöht. Diese Phase dient also der Auftragsklärung und gibt dem folgenden Prozess eine klare Richtung, auf die immer wieder hingewiesen werden kann, wenn der Klient vom Thema abweicht.

Ziele der Themenauswahl

- Auswahl EINES Themas
- Berater und Klient arbeiten am gleichen Thema
- Große unlösbare Probleme werden in kleine „Problemchen" heruntergebrochen
- Auftragsklärung

Das zentrale Thema, das hierbei herausgearbeitet werden soll, wird in der MI-Terminologie als „Zielverhalten" (englisch:„Target Behavior") bezeichnet (Miller & Rollnick, 2015). Es beschreibt also ein konkretes *Verhalten*- keinen Zustand. Bei MI geht es immer darum, ein bestimmtes problematisches „VERHALTEN" zu bearbeiten und ggf. zu ändern. Das Zielverhalten sollte idealerweise vom Klienten ausgewählt werden. Der Berater oder nahe Bezugspersonen dürfen aber auch eigene Auswahlvorschläge einbringen. Bei der endgültigen Auswahl zählt allein der Wille des Klienten, selbst wenn der Berater gerne einen anderen Fokus setzen würde.

Der Berater unterstützt den Klienten bei der Auswahl seines Zielverhaltens, indem er mit ihm gemeinsam die potenziell problembesetzten Bereiche seiner Lebenswelt durchgeht. Diese Unterstützung ist wichtig und notwendig, da bei vielen Klienten nur ein diffuses Gefühl dafür besteht, dass „irgendwas nicht stimmt". Aber sie sind oft nicht in der Lage dazu, ihr Problem konkret zu benennen. Oft kann es auch Sinn machen, das benannte Problem zu hinterfragen, um zu prüfen, ob es nur ein Symptom eines anderen, tiefer liegenden Problems ist. Bei Menschen mit Intelligenzminderung sind Probleme häufig in folgenden Bereichen angesiedelt, welche man als Berater im Rahmen der Themenauswahl gemeinsam mit dem Klienten explorieren kann (Abb. 4.4):

Zur Themenauswahl kann sehr gut mit Visualisierungen der verschiedenen Bereiche gearbeitet werden, indem man z. B. Themenkärtchen mit Symbolen einsetzt oder ein Flipchart benutzt.

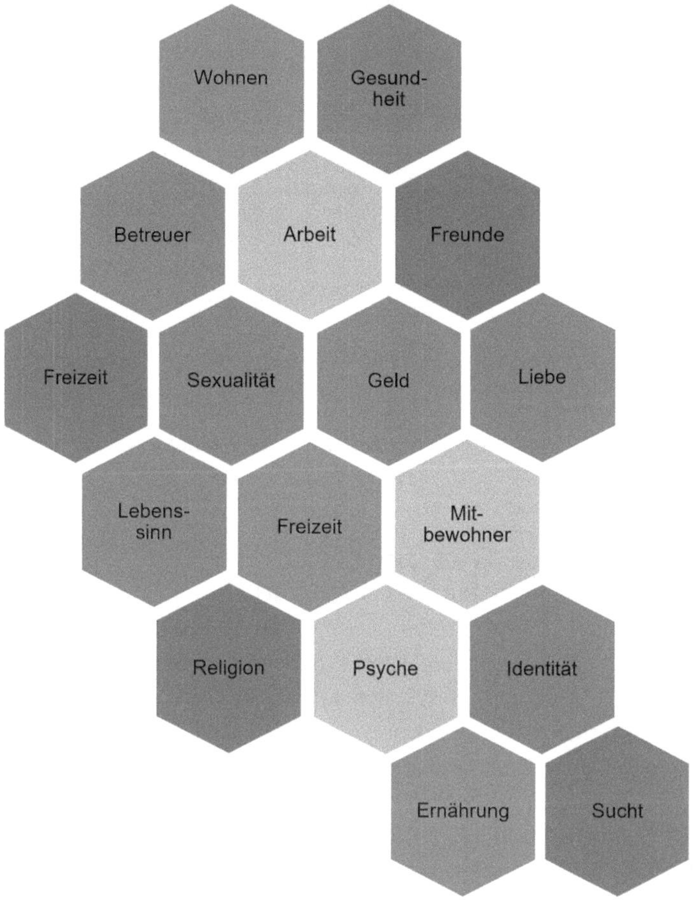

Abb. 4.4 Panorama möglicher Problembereiche

Wichtig ist, dass das *Zielverhalten* nicht mit dem *Änderungsziel* gleichzusetzen ist. Das Zielverhalten definiert lediglich das Verhalten, das verändert werden soll, aber es definiert noch nicht die exakte Richtung, in die die Veränderung gehen soll. Diese Richtung wird erst in der letzten Phase (Planung) festgelegt. Wählt der Klient also beispielsweise seinen hohen Alkoholkonsum als Zielverhalten aus, darf der Berater nicht automatisch davon ausgehen, dass er als Veränderungsziel die vollkommene Abstinenz anstrebt. Der Grund, warum man das genaue Änderungsziel in der Klärungsphase noch nicht festlegt, erschließt sich in der nächsten Phase (Erwecken der Veränderungsmotivation). Der Klient braucht zunächst die Möglichkeit, sich sein Problemverhalten gründlich und von allen Seiten zu betrachten und Pro und Contra abzuwägen, bevor er sich aus vollem Herzen für ein konkretes Ziel entscheiden kann.

- **Focusing-Phase:** Welches Verhalten soll verändert werden (Zielverhalten)?
- **Planungs-Phase:** Was soll das Ziel der Veränderung sein (Änderungsziel)?

Tab. 4.1 Problembereich – Zielverhalten - Änderungsziele

Problembereich	Zielverhalten	Beispiel möglicher Änderungsziele
Gesundheit	Rauchen	Ich rauche nicht mehr Ich rauche nur am Wochenende
Finanzen	Zu viel Geld ausgeben	Ich bin schuldenfrei Ich spare monatlich einen Betrag XY an
Arbeit	Unzuverlässigkeit am Arbeitsplatz	Ich komme pünktlich in die Arbeit Ich melde mich ab, wenn ich krank bin
Gesundheit	Alkoholkonsum	Ich trinke keinen Alkohol mehr Ich trinke nur noch ein Bier am Tag

Beispiele (Tab. 4.1):

Die Phase der Themenauswahl dauert im Vergleich zu den anderen Phasen eher kurz und sollte in der Regel innerhalb von einer Sitzung abgeschlossen sein.

4.4 Die dritte Phase: Erwecken der Veränderungsmotivation (Evoking)

Die dritte Phase ist der wichtigste und zentralste Schritt innerhalb der MI-Methoden und unterscheidet das MI substanziell von anderen Ansätzen (Abb. 4.5).

„Evoking" kann grob mit „Erwecken" oder „Entlocken" übersetzt werden. In dieser Phase geht es darum, dem Klienten durch gezielte Methoden die Gründe *FÜR* und *WIDER* eine Verhaltensänderung zu „entlocken", bzw. die bereits in ihm schlummernden Gründe zu „erwecken" (Miller & Rollnick, 2015). Es geht darum, ihm die Möglichkeit zu geben, sein Verhalten ausführlich von allen Seiten zu erforschen, um am Ende geschickt die Gründe FÜR eine Verhaltensänderung zu stärken, um die Entscheidung FÜR die Veränderung zu fördern. Im Grunde zielt die Erweckens-Phase darauf ab, den Klienten das Argument für seine eigene Verhaltensänderung selbst entfalten zu lassen, ohne ihm das Gefühl zu geben, es sei ihm von außen auferlegt worden.

Zur Erinnerung nochmal das Schaubild aus Abschn. 2.5 (Abb. 4.6):

Die innere Ambivalenz eines Menschen führt dazu, dass er für beide Seiten eines Problems jeweils ausreichend viele Gründe vorliegen hat. Wäre das nicht so, gäbe es das Problem nicht, denn dann hätte man sich eindeutig für eine Seite entschieden und wäre vollkommen zufrieden damit. Gemäß der Theorie der kognitiven Dissonanz (Festinger, 1957) entsteht in Menschen dann ein Spannungszustand, wenn ihr Verhalten im Widerspruch zu ihrer Überzeugung oder ihren Lebenszielen steht (s. Abschn. 2.5). Um diese innere Span-

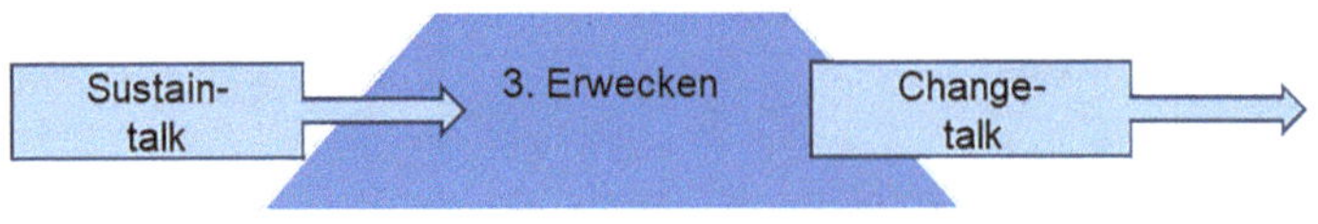

Abb. 4.5 Erweckensphase

Abb. 4.6 Modell der inneren Ambivalenz

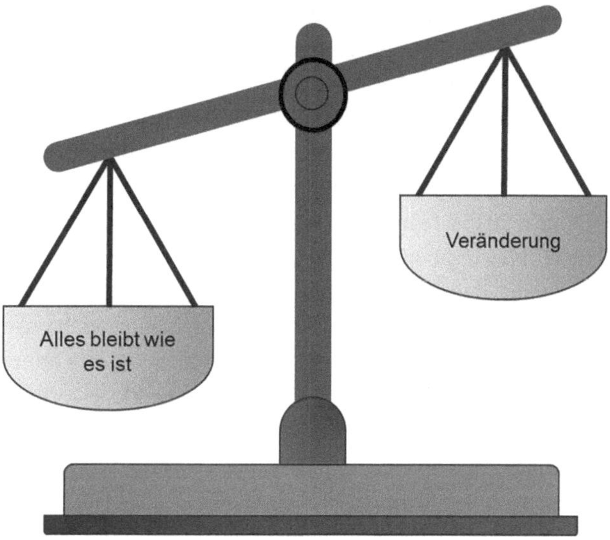

nung aufzulösen, wenden Menschen verschiedene Strategien an, um das Verhalten, welches den eigenen Grundsätzen eigentlich widerspricht, zu rechtfertigen. Dies kann beispielsweise bedeuten, dass die eigene innere Einstellung vordergründig an das Verhalten angepasst wird („Rauchen ist doch irgendwie cool"). Es kann aber auch bedeuten, dass das eigene Verhalten relativiert wird („Ein Glas Rotwein jeden Abend ist gesund") oder dass die eigentliche Überzeugung schlecht geredet wird („Immer nur gesund zu leben ist spießig"). Diese Strategien sorgen dafür, dass man sich zwar integer und ausgeglichen fühlt, aber im Grunde sind es Strategien der Selbsttäuschung, die daran hindern, gemäß der eigenen Überzeugung zu leben. Ziel der Erweckensphase ist es, hinter diese Strategien zu blicken, und die kognitive Dissonanz behutsam aufzudecken.

In der Erweckens-Phase geht es darum, alle Gründe Pro und Contra vorbehaltlos aufzuspüren und sich zu vergegenwärtigen. Hierfür sind mehrere Sitzungen einzuplanen.

Aufgabe des Beraters ist es in der Erweckens-Phase, sehr präsent zu sein und konzentriert und aufmerksam zuzuhören, um zwei bestimmte Formen von Aussagen zu identifizieren: Den Change-Talk (Veränderungsaussagen) und den Sustain-Talk (Zustands-Erhaltungsaussagen). Beides wird im folgenden Unterkapitel noch einmal separat behandelt, kann aber kurz und knapp folgendermaßen definiert werden:

Change-Talk Alle Aussagen des Klienten, die implizit oder explizit PRO Veränderung sind („Change" = Veränderung)

Sustain-Talk Alle Aussagen des Klienten, die CONTRA Veränderung sind (also für den Erhalt des Status Quo) („Sustain" = Erhalt)

Beide Arten von Aussagen werden im Gespräch mit dem Klienten über sein Problemverhalten ganz automatisch immer wieder vermischt miteinander auftreten, denn sie spiegeln die innere Ambivalenz des Klienten wider (Miller & Rollnick, 2015). Aufgabe des Beraters ist es, diese Aussagen zu erkennen, sie sich zu merken, und sie zu bündeln (Man kann sich nebenbei Gesprächsnotizen machen). Besonders sollte man dabei auf „Big Points" achten, die ein besonders hohes Änderungsgewicht haben (oftmals sind dies Argumente aus den Bereichen Beziehung, Familie, Gesundheit oder Geld).

Die Forschung hat gezeigt, dass das Verhältnis von Change-Talk zu Sustain-Talk ein wichtiger Prädiktor dafür ist, ob eine Veränderung tatsächlich stattfinden wird (Miller & Rollnick, 2015). Je mehr Change-Talk ein Klient äußert, desto eher wird er eine positive Verhaltensänderung einleiten und auch durchhalten. Innerhalb der Erweckens-Phase unterstützt der Berater den Klienten schrittweise darin, den Change-Talk zu stärken und aus der Auswahl seiner eigenen Argumente, diejenigen zu gewichten, die eine Verhaltensänderung fördern. Miller und Rollnick vergleichen diesen Prozess mit einem Gang über eine Wiese, auf der alle Arten von Pflanzen wachsen- dornige, klebrige, klettige Pflanzen, aber auch wunderschöne Blumen. Aufgabe des Beraters ist es nun, die schönen Blumen (also den Change-Talk) unter all dem Gestrüpp (also dem Sustain-Talk) zu entdecken, gezielt zu pflücken und zu einem schönen Strauß zu bündeln (das entspricht der Zusammenfassung), den er dem Klienten zum Ende der Sitzung überreicht (Rosengren, 2020, S. 260).

Praktisch geschieht dies, indem der Berater den bereits vorhandenen Change-Talk durch die Methoden „aktives Zuhören" und „Zusammenfassungen" gezielt betont, sodass der Change-Talk mit der Zeit über den Sustain-Talk dominiert. Falls der Klient von sich aus keinen oder nur sehr wenig Change-Talk äußert, setzt der Berater gezielte Methoden ein, um den Change-Talk zu **„Erwecken".** Diese gezielten Methoden werden im Methodenblock in Abschn. 5.2. vorgestellt. Dieses Vorgehen fußt auf einer der Prämissen von MI (s. Kap. 2): Je häufiger und intensiver sich Menschen selbst positiv und zuversichtlich über eine anstehende Verhaltensänderung sprechen hören, desto höher ist die Wahrscheinlichkeit, dass sie diese auch erfolgreich umsetzen (Miller & Rollnick, 2015).

Durch die Stärkung und Wiederholung der änderungsbezogenen Aussagen (Change-Talk) werden also automatisch die Ressourcen des Klienten aktiviert, wodurch die innere Zuversicht, die Verhaltensänderung angehen zu wollen, wächst. Sobald der Berater im Prozess feststellt, dass der Change-Talk deutlich über den Sustain-Talk dominiert, findet die sogenannte „große Zusammenfassung" statt. In der großen Zusammenfassung bekommen nochmal alle Argumente, die der Klient vorgebracht hat, ihren Raum. Dabei werden die Argumente nach Pro und Contra sortiert und nach den Regeln des MI vom Berater wiedergegeben:

Die große Zusammenfassung

Die große Zusammenfassung ist essenzieller Bestandteil der Erweckensphase. Bei der Zusammenfassung ist darauf zu achten, dass die Argumente GEGEN die Verhaltensänderung an erster Stelle genannt werden. Dies hat den Grund, dass der Klient das, was am Ende genannt wird, eher im Kopf behält- und das sollten die Argumente FÜR eine Verhaltensänderung sein. Des Weiteren sollten die Argumente GEGEN die Verhaltensänderung nur kurz und knapp ausgeführt werden. Sie sollen auf keinen Fall betont werden. Es geht allenfalls darum, sie nicht zu unterschlagen, damit der Klient erlebt, dass er in seiner gesamten Ambivalenz wahrgenommen wird, und ihm nichts aufgezwungen wird.

Gegen Ende der großen Zusammenfassung werden dann alle Argumente des Klienten FÜR eine Verhaltensänderung wiederholt. Hierbei darf der Berater weit ausholen und die Argumente betonen und gewichten. Die Argumente sollten viel Raum bekommen, ausgiebig gewürdigt und deutlich ausgeschmückt werden. Die Argumente dürfen durchaus durch emotionale Aspekte ergänzt werden, da dies die Betonung nochmal um ein Vielfaches erhöht.

Nach der großen Zusammenfassung ist das Letzte, was der Klient im Ohr hat, die geballte und emotional gewichtete Zusammenfassung all seiner *eigenen* Argumente *FÜR* eine Verhaltensänderung. Im Verlauf der Erweckens-Phase wird er außerdem auf seine eigenen Ressourcen gestoßen sein, und die Diskrepanzen seines Problemverhaltens in Bezug auf seine Lebensziele erkannt haben. Er wird Zuversicht und Mut gewonnen haben. Der gesamte Prozess, aber nicht zuletzt auch die große Zusammenfassung, werden im Klienten für eine ultimative innere Klärung seiner Ambivalenz gesorgt haben, sodass ganz am Schluss der Erweckens-Phase die Schlüsselfrage steht:

- „Was bedeutet das nun für dich?"
- „Wie wirst du dich nun entscheiden?"
- „Was denkst du, was du wohl tun wirst?"
- „Möchtest du an deinem Verhalten nun etwas ändern?"

Merke Die Erweckens-Phase endet mit der Schlüsselfrage.
Sie wird gestellt, wenn der Change-Talk deutlich über den Sustain-Talk dominiert.

Vorsicht: Menschen mit Intelligenzminderung sind gelegentlich sehr impulsiv und optimistisch in Bezug auf ihre eigenen Ziele und Fähigkeiten. Das kann dazu führen, dass sie sehr schnell ein Gefühl von Zuversicht empfinden, ohne alle Argumente wirklich genau geprüft zu haben. Deshalb ist eine ausführliche Exploration der inneren Ambivalenz besonders wichtig, um die Klienten vor einer vorschnellen Entscheidung zu schützen, die sie vielleicht schon binnen weniger Tage wieder kippen würden.

4.4.1 Exkurs: Sustain-Talk/ Change-Talk

Weil die Erweckens-Phase so wichtig und zentral, aber durchaus auch komplex ist, und hohe Anforderungen an den Berater stellt, lohnt es sich, nochmal genauer auf die soeben schon angesprochenen Konzepte „Sustain-Talk" und „Change-Talk" einzugehen (Abb. 4.7):

Abb. 4.7 Sustaintalk und Changetalk

Sustain-Talk Alle Aussagen des Klienten, die CONTRA Veränderung sind (also für den Erhalt des Status Quo) („Sustain“ = Erhalt)

Change-Talk Alle Aussagen des Klienten, die implizit oder explizit PRO Veränderung sind („Change“ = Veränderung)

Es dürfte inzwischen klar geworden sein: Veränderungsbereitschaft entsteht nur vor dem Hintergrund der Entscheidungsfreiheit. Und um eine Entscheidung gut treffen zu können, muss zunächst ein Entscheidungsspielraum geöffnet werden, also ein Raum, in dem man ganz in Ruhe und ausgiebig die innere Ambivalenz erkunden kann. Anders gesagt: Ein Gesprächsrahmen, in dem man alle Argumente Pro und Contra einmal laut ansprechen und sammeln kann. Genau dies geschieht zu Beginn der Erweckens-Phase. Die innere Ambivalenz des Klienten in Bezug auf sein Zielverhalten (Target Behavior) wird dabei durch Change-Talk und Sustain-Talk auch im Außen deutlich. Der Change-Talk beinhaltet alle Äußerungen, die für eine Veränderung sprechen. Der Sustain-Talk hingegen umfasst alle Äußerungen, die auf Beibehaltung des Status Quo abzielen. Sustain-Talk ist ein Ausdruck dafür, dass das gegenwärtige Verhalten auch eine positive (schützende) Seite hat, weswegen der Sustain-Talk nie unterdrückt werden darf, sondern unbedingt freigelegt werden muss. Der Klient wird zu Beginn der Erweckens-Phase Change-Talk und Sustain-Talk ungefiltert und relativ durcheinander von sich geben.

Aufgabe des Beraters ist es, Change-Talk und Sustain-Talk sofort zu erkennen, bzw. den Change-Talk durch die Methoden, die in Abschn. 5.2 noch näher beschrieben werden, zu verstärken. Dies ist jedoch nicht immer ganz einfach, denn Change-Talk und Sustain-Talk können sehr versteckt und in subtiler Form auftreten.

Übersicht

Change-Talk kann laut Miller und Rollnick (2015, S. 190 ff) in sieben verschiedenen Varianten auftreten:

Wünsche Fähigkeiten Gründe Notwendigkeiten	Vorbereitender Change-Talk
Selbstverpflichtung Aktivierung Unternommene Schritte	Mobilisierender Change-Talk

Der vorbereitende Change-Talk besteht aus Aussagen, die eine Veränderung andeuten, aber noch nicht darauf hinweisen, dass diese tatsächlich stattfinden wird. Mit diesen Aussagen legt sich der Klient noch auf nichts fest. Erst der mobilisierende Change-Talk signalisiert einen Impuls, der tatsächlich zur Auflösung der Ambivalenz und zum Umsetzen der Veränderung führen kann (Miller & Rollnick, 2015).

Eine Sonderform des Change-Talks ist der sogenannte *Confidence-Talk*. Damit werden alle Aussagen bezeichnet, die eine änderungsbezogene Zuversicht (Englisch: Confidence) ausdrücken. Der Confidence-Talk tritt typischerweise gegen Ende der Erweckens-Phase immer stärker auf und leitet zur Schlüsselfrage hin (Tab. 4.2).

Ziel der Erweckens-Phase ist es, den Sustain-Talk zu minimieren und den Change-Talk zu stärken, wobei alle genannten Argumente aus dem Mund des Klienten kommen müssen. Der Berater hütet sich auch in dieser Phase davor, seine eigenen Argumente einzubringen und den Change-Talk selbst zu äußern, weil er dadurch den Klienten um die Chance bringen würde, diese innere Klärung selbst herbeizuführen. Im Laufe des Gesprächs sollte der Klient durch gezielten Einsatz der **4 Kernmethoden** (offene Fragen,

Tab. 4.2 Beispiele für Change-Talk und Sustain-Talk

Beispiele: Change Talk	Beispiele: Sustain Talk
„Natürlich möchte ich so gesund wie möglich sein, aber …" (Wunsch)	„"Ganz auf Zucker verzichten will ich aber nicht"
„Es wäre schön, wenn ich wieder in meine alten Hosen reinpassen würde …" (Wunsch)	„Diese Scheiß-Diät werde ich nicht machen!"
„Ich könnte schon einmal pro Woche joggen gehen" (Fähigkeit)	„Ab und zu brauche ich einfach eine Zigarette zur Beruhigung"
„Während meiner Schwangerschaft habe ich keinen Schluck Alkohol getrunken" (Fähigkeit)	„Ich habe schon so oft vergeblich versucht, mit dem Trinken aufzuhören. Das schaffe ich doch nie!"
„Wenn ich weniger trinken würde, hätte ich auch nicht so viel Ärger mit meinen Betreuern." (Gründe)	„Wenn meine Kumpels und ich Alkohol trinken, herrscht einfach immer eine tolle Stimmung!"
„Wenn ich den Schulabschluss schaffen würde, könnte ich später einmal einen besseren Job haben" (Gründe)	„Ich will nicht mehr arbeiten. Schließlich bin ich schwer krank."
„Wenn ich noch einmal erwischt werde, lande ich im Knast" (Notwendigkeit)	„Ist doch nicht meine Schuld, dass Diebstahl hierzulande verboten ist"
„Wenn ich das nicht in den Griff kriege, verliere ich das Sorgerecht" (Notwendigkeit)	„Das schaffe ich nie"
„Ich schwöre, ab jetzt werde ich sie nicht mehr schlagen" (Selbstverpflichtung)	„Wenn meine Freundin damit nicht klarkommt, dann suche ich mir halt ne andere"
„Ich werde morgen bei der Arztpraxis anrufen" (Selbstverpflichtung)	„Ich nehme diese Tabletten nicht!"
„Ich bin ja motiviert, zu arbeiten, aber …" (Aktivierung)	„Mein Chef übertreibt es einfach. Der soll mal nicht so spießig sein."
„Ich habe es mir fest vorgenommen …" (Aktivierung)	„Niemand kann mich dazu zwingen."
„Ich habe mich auf die Warteliste setzen lassen" (Unternommene Schritte)	„Von Psychotherapie halte ich gar nichts …"
„Letzte Woche war ich bei der Selbsthilfegruppe" (Unternommene Schritte)	„Ich glaube, für mich gibt es keine Hoffnung mehr"

Bestätigen, aktives Zuhören, Zusammenfassen), und der **Methoden zur Förderung von Change-Talk** (s. Abschn. 5.2) immer mehr Change-Talk und immer weniger Sustain-Talk aus seinem eigenen Munde hören, sodass der Sustain-Talk zunehmend abgeschwächt wird. Es kann davon ausgegangen werden, dass das äußere Verhältnis zwischen Change-Talk und Sustain-Talk auch die innere Gewichtung Pro/Contra Veränderung widerspiegelt. Je öfter ein Klient demnach seinen Change-Talk hört, desto größer wird seine innere Veränderungsmotivation (Miller & Rollnick, 2015).

Wie eingangs erwähnt, ist die Erweckensphase die wichtigste Phase im gesamten MI-Prozess. Sie nimmt den größten Raum ein und verlangt dem Berater einiges an Konzentration und Methodeneinsatz ab. Im folgenden Gesprächsprotokoll aus der Praxis ist die typische Mischung aus Change-Talk und Sustain-Talk gut zu erkennen.

Beispiel aus der Praxis

Frau K. (42) hat eine Intelligenzminderung und lebt mit ihren beiden Katzen in einer eigenen Wohnung. Einmal pro Woche kommt ein Sozialpädagoge vorbei, um Frau K. zu unterstützen. Ihre Wohnung ist sehr stark vermüllt. Es handelt sich um eine klassische Messi-Wohnung. Das Bad ist dadurch unbenutzbar geworden. Ebenso die Sitzgelegenheiten und das Bett. Die Küche ist nur noch sehr eingeschränkt nutzbar. Die Nachbarn beschweren sich über den beißenden Geruch, der aus der Wohnung kommt.

„Ich weiß gar nicht, was die wollen. Ich fühle mich wohl hier (ST). Die Nachbarn sollen sich nicht so aufregen, diese Spießer (ST). Die sind eh alle blöd, mit denen werde ich mal schimpfen. Das geht die gar nix an, was ich hier mache (ST). Des einzige, was mich stört ist, dass ich mich nicht mehr gescheit ins Bett legen kann (CT). Die letzte Zeit habe ich hier auf dem Sessel geschlafen, aber langsam kriege ich doch Rückenschmerzen (CT). Aber es ist ja nicht meine Schuld, dass ich hier zu wenig Platz habe. Das Sozialamt zahlt ja keine größere Wohnung (ST). Wenn mir der Platz ausgeht, kann ich ja noch was auf den Balkon rausstellen (ST). Den Müll trage ich fast immer raus (CT). Natürlich ist das wichtig (CT). Ich habe ja auch die Katzenklos, die muss ich ja sauber machen. Meine Miezis sollen sich ja wohl fühlen bei mir (CT). (…). Ins Badezimmer muss ich eh nicht rein. Zähne putzen kann ich auch in der Küche (ST). Duschen tu ich eh nicht, ich stink ja nicht (ST). Manchmal wäre es schon gut, wenn ich meine Haare waschen könnte, weil die jucken manchmal (CT). Aber des geht halt nicht.[…] Wenn ich hier in der Wohnung rauche, dann mach ichs Fenster auf zum Lüften, weil die Luft sonst hier drin zu schlecht ist (CT). Außerdem hat meine rechtliche Betreuerin gesagt, dass sie sonst nicht mehr zu mir reinkommt, und das wäre schlecht, weil die bringt mir mein Geld (CT). […] Schade, dass alles so durcheinander ist, weil ich hab noch ein paar tolle CDs die mir der Jakob gemacht hat, aber die find ich nicht mehr (CT). Die DVDs sind auch durcheinander, deswegen muss ich meistens die gleichen anschauen (CT). […] die Kisten brauch ich da, weil da gehen die Katzen rein oder sie klettern rum (ST). Ich muss nur aufpassen, dass des alles nicht einstürzt, weil das kann dann für die Miezis schon ge-

fährlich werden (CT). Wenn ich mal ausmisten würde, würde ich hier vieles finden, was ich schon lang vermisse (CT). Aber ich weiß gar nicht, wo man da anfangen soll (ST). Außerdem ist mir das zu anstrengend, ich hab ja schwer Arthrose. Da soll ich mich eigentlich überhaupt gar nicht bewegen (ST). Wenn dann müssten da Leute kommen, die wo das für mich machen (CT). So wie im Fernsehen. Einen Container bestellen und dann einmal groß ausmisten. Das würde ich schon mal gern mitmachen (CT). Was meinst, was wir da für Schätze finden!"

4.5 Die vierte Phase: Planung (Planning)

Nachdem die Schlüsselfrage geäußert und vom Klienten positiv beantwortet wurde, wird sich das Gespräch ganz automatisch in eine Richtung entwickeln, in der der Klient vermehrt darüber sprechen möchte, wann und wie er die geplante Veränderung umsetzen könnte. Der Change-Talk wird sich zunehmend in Commitment-Talk (Aussagen zur Selbstverpflichtung) und Confidence-Talk (Aussagen der Zuversicht) verwandeln (s. Abschn. 4.5.1) (Abb. 4.8).

Der Prozess hat sich also vom „ob und warum" zum „wie und wann" entwickelt. Die nun folgende Phase wird als Planungsphase bezeichnet. Wichtig ist, dass der Berater den Klienten nicht in diese Phase hineindrängt, sondern abwartet, bis der Klient sie von selbst einläutet. Oft erkennt man den Beginn dieser Phase daran, dass die ersten vagen Ideen geäußert werden, wie man eine Veränderung angehen könnte.

Während in der Phase der Themenauswahl das Zielverhalten (Target Behavior) festgelegt wurde (s. Abschn. 4.3), geht es in der Planungsphase darum, das ZIEL und den WEG der Veränderung festzulegen. Es ist sinnvoll, auch die Planungsphase mit einer Schlüsselfrage einzuleiten:

„Wie soll es jetzt mit XYZ weitergehen und wie könntest du das erreichen?"

Anschließend sollen Wege und Möglichkeiten zur Umsetzung der geplanten Veränderung gesammelt werden, wobei ausdrücklich auch auf Ressourcen und Helfer zurückgegriffen werden kann. Am Ende der Planungsphase sollte ein konkretes Veränderungsziel bestehen, sowie ein Aktionsplan erarbeitet werden, der den Klienten an dieses Ziel bringt (Miller & Rollnick, 2015).

Das Veränderungsziel sollte so konkret wie möglich nach den SMART-Regeln formuliert werden. Die SMART-Regeln stammen zwar nicht aus dem MI, sind aber sinnvoll für jede Art von Zielformulierung, da sie für Klarheit, Messbarkeit und gut durchführbare Erfolgskontrolle sorgen.

Abb. 4.8 Planungsphase

Exkurs: SMARTe Zielformulierung

Das sehr bekannte SMART-Modell wurde ursprünglich von dem Ökonomen und Managementtheoretiker Peter F. Drucker (1954) entwickelt, und 1990 von Locke und Latham in ihrer bekannten Zielsetzungstheorie aufgegriffen und empirisch abgesichert. Es ist heute allgemein etabliert und findet in vielen Bereichen breite Anwendung. Dem Modell zufolge muss ein gutes Ziel die folgenden fünf Kriterien erfüllen, um klar und effektiv formuliert zu sein:

S pezifisch	Ziele sollten einfach, konkret und klar (spezifisch) formuliert sein. Verallgemeinerungen und unklare Formulierungen sind zu vermeiden.
M essbar	Ziele sollten anhand messbarer Kriterien ausgewertet werden können (z. B. Fristen, Zahlen, Werte, prozentuale Änderungen).
A ttraktiv/ angemessen	Ziele sollten angemessen, erreichbar (Englisch: Achievable) und für den Klienten lohnenswert sein. Außerdem sollten sie positiv formuliert sein.
R ealistisch	Ziele sollten machbar sein. Zu hoch gesteckte Ziele können in kleinere Meilensteine heruntergebrochen werden.
T erminiert	Ziele sollten einen eindeutigen zeitlichen Rahmen haben.

Beispiele für SMARTe Ziele:

- Bis August habe ich mich bei der Wohnungsvergabestelle gemeldet
- Bis zu meinem Geburtstag habe ich 3 Kilo abgenommen
- Ab heute rauche ich täglich höchstens 2 Zigaretten

Auch bei der Formulierung des Änderungsziels sollte sich der Berater einzig und allein daran orientieren, was der Klient vorgibt. Es macht keinen Sinn, ein zu hohes Ziel zu setzen. Der Klient hätte von Anfang an das Gefühl und die Angst, das Ziel nicht erreichen zu können, und würde es vermutlich gar nicht erst versuchen.

„Zielestress" ist zu vermeiden. Viele Klienten nennen in der Euphorie ihrer Veränderungsmotivation oft mehrere Ziele, die sie nun angehen wollen. Ein einzelnes Ziel ist jedoch ausreichend. Verhaltensänderungen sind nicht einfach und deshalb sollte man sich nicht zu viel vornehmen. Der Berater sollte den Klienten dabei unterstützen, aus der Vielzahl an möglichen Zielen das wichtigste auszuwählen.

Viele Klienten formulieren „Vermeidungsziele" (z. B. „Ich will keine Angst mehr haben", „Ich will nicht mehr rauchen"). Im Sinne der Attraktivitätsvorgabe der SMARTen Zielformulierung sind positiv formulierte Annäherungsziele („Ich bin mutig". „Ich bin angstfrei". „Ich bin clean/sauber", „Ich bleibe nüchtern", etc.) besser (Lippert, 2021).

Wenn ein Ziel zu groß ist, kann es oft helfen, das Ziel in gut erreichbare Kleinziele herunterzubrechen. Gerade der Personenkreis der Menschen mit Intelligenzminderung kann kleinere

Zeiträume deutlich besser erfassen als beispielsweise eine 5-Jahres-Planung. Außerdem gibt ihnen das Herunterbrechen in kleine Zeiträume die Möglichkeit, häufige Erfolge zu feiern, was für die Motivation und den Durchhaltewillen nicht zu unterschätzen ist.

Beispiel

Fernziel:	• Frau K. zieht in eine eigene Wohnung.
Nahziele:	• Frau K. ruft innerhalb der nächsten Woche bei der Beratungsstelle des ambulant betreuten Wohnens an. • Frau K. erstellt bis zur nächsten Woche eine Liste an Fähigkeiten, die sie erlernen möchte, bevor sie in eine eigene Wohnung zieht. • Frau K. fragt innerhalb des nächsten Monats einige Bekannte aus der Werkstatt, die auch in einer eigenen Wohnung leben, ob sie sie zuhause besuchen kann, um sich das selbstständige Leben besser vorstellen zu können.

◀

In der Planungsphase ist es nicht mehr notwendig, dass alle Vorschläge ausschließlich vom Klienten selbst kommen. Der Berater kann ab jetzt seine eigene Expertise mit einbringen. Dabei muss er jedoch, um die Grundhaltung von MI nicht zu verlassen, gewisse Regeln befolgen, die in der EPE-Methode (s. Abschn. 5.5) festgelegt sind. Kurz gesagt stellt diese Methode sicher, dass der Berater den Klienten nicht mit seinen Ratschlägen und Informationen überschwemmt, indem er die Informationen häppchenweise und nur nach zuvor erfolgtem Einverständnis des Klienten weitergibt. Dadurch wird auch vermieden, dass der Klient überfordert wird, und nur ein Bruchteil dessen, was der Berater zu vermitteln versucht, überhaupt bei ihm ankommt. Der Aktionsplan wird also MIT dem Klienten erstellt, nicht FÜR ihn.

Es macht Sinn, diesen Plan zu visualisieren, um größtmögliche Klarheit und Sicherheit für den Klienten herzustellen. Man kann dem Klienten gerne auch eine Kopie des Planes mit nach Hause geben. Selbstverständlich muss man darauf achten, den Plan in einer Weise zu gestalten, die für den Klienten verständlich ist (beispielsweise durch Symbole, einfache Sprache, Audioversion zum Abhören, etc …). In dieser Phase kann es für den Klienten auch wohltuend sein, wenn der Berater ermutigende und bestätigende Kommentare abgibt.

4.5.1 Exkurs: Confidence-Talk/ Commitment-Talk

Wie bereits erwähnt, hat sich in der Praxis gezeigt, dass gegen Ende der Erweckensphase immer mehr „Confidence-Talk" (Zuversichtsaussagen) vom Klienten zu hören ist, und dass in der Planungsphase der „Commitment-Talk" (Selbstverpflichtungsaussagen) eine große Rolle spielt. Diese beiden Ausdrucksformen sollen hier nicht unterschlagen werden. Da sie jedoch für den inneren Prozess des Klienten bei weitem nicht so wichtig sind, wie Change-Talk und Sustain-Talk, wird der Exkurs hierzu eher kurzgehalten.

Confidence-Talk ist eine Sonderform des Change-Talks und bezeichnet alle Aussagen, die eine besonders starke, änderungsbezogene Zuversicht (Englisch: Confidence) beinhalten (Miller & Rollnick, 2015).

Beispiele für Confidence Talk:

- „Ich kann das schaffen“
- „Das packe ich an“
- „Alles wird gut“
- „So schwer ist das nicht“
- „Das kriege ich schon hin“ ◀

Commitment-Talk bezeichnet alle Aussagen, die eine Art der Selbstverpflichtung zur Änderung beinhalten (Commitment = Englisch für Selbstverpflichtung) (Miller & Rollnick, 2015). Inhaltlich drücken sie alle mehr oder weniger klar die Absicht aus: „Ja, ich werde das tun“. Sie entsprechen im Wesentlichen dem, was wir im Exkurs zum Thema Change-Talk als eine der sieben Varianten (Verpflichtung) kennengelernt haben. Diese Aussagen können auftreten, müssen aber nicht. Die Praxis hat gezeigt, dass Aussagen zur Selbstverpflichtung nicht zwingend notwendig sind, damit der Klient eine Änderung einleitet. Von der anderen Seite her betrachtet kann man auch sehen, dass Aussagen zur Selbstverpflichtung, ohne vorangegangene Motivationsarbeit, noch lange kein Garant dafür sind, dass eine Änderung auch vollzogen wird (oder wie viele Neujahrsvorsätze haben Sie schon erfolgreich umgesetzt?).

Beispiele für Commitment-Talk

- „Ich werde mich auf die Warteliste setzen lassen“
- „Ich werde nie mehr rauchen“
- „lIch werde diesen Job kündigen“
- „Ich melde mich zur Therapie an“ ◀

Nachdem die vier Phasen des MI vorgestellt sind, zeigt der nochmalige Blick auf das Schaubild, dass der Weg durch diese Phasen nicht allzu kompliziert ist, und dass jede Phase auf den vorangegangenen Phasen aufbaut. Das Schaubild macht auch deutlich, dass das Ergebnis aus der zweiten Phase das zu verändernde Zielverhalten ist, und dass es in der zentralen dritten Phase darum geht, den anfänglich dominierenden Sustain-Talk in Change-Talk umzuwandeln. Das alles thront solide auf den 3 essenziellen Säulen, die die Grundhaltung für den gesamten Prozess repräsentieren (Abb. 4.9).

Im nächsten Kapitel wird dargestellt, welche konkreten Methoden der MI-Prozess vorgibt und an welchen Stellen im Phasenmodell diese Methoden einzusetzen sind.

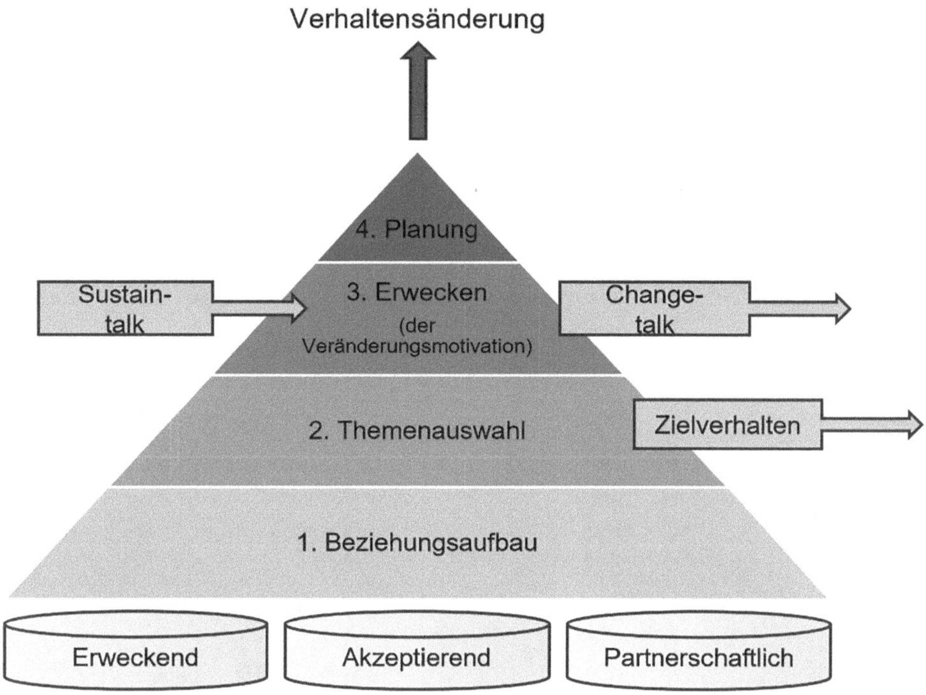

Abb. 4.9 Prozessphasen im Überblick

Literatur

Drucker, P. (1954). *The practice of management*. Harper & Row.

Festinger, L. (1957). *A theory of cognitive dissonance*. Stanford University Press.

Lippert, A. (2021). *Motivation stärken in Therapie und Beratung*. Springer.

Locke, A., & Latham, G. (1990). *A theory of goal setting & task performance*. Pearson College.

Miller, W. R., & Rollnick, S. (2015). *Motivierende Gesprächsführung* (3. Aufl.). Lambertus.

Rosenberg, D. (2020). *Arbeitsbuch motivierende Gesprächsführung*. G.P. Probst.

Methoden 5

Zusammenfassung

MI gibt spezifische Methoden vor, die in den verschiedenen Phasen des Beratungsprozesses eingesetzt werden sollten, um diesen effektiv zu unterstützen. Zentrale Bedeutung haben dabei die „OBAZ"-Methoden (offene Fragen, Bestätigung, aktives Zuhören, Zusammenfassen). Diese Techniken sollen nicht nur die Kommunikation zwischen Berater und Klient fördern, sondern auch das Vertrauen und die Eigenverantwortung des Klienten stärken. Offene Fragen ermöglichen tiefere Einblicke in die Denkweise des Klienten, während Bestätigungen das Selbstwirksamkeitsgefühl stärken können. Aktives Zuhören trägt u. a. dazu bei, dass sich der Klient verstanden fühlt, und Zusammenfassungen helfen, das Gespräch zu strukturieren und Missverständnisse zu vermeiden. Hinzu kommen spezifische Methoden, um Change-Talk und Confidence-Talk zu fördern. Schließlich wird eine Technik für die Übermittlung von Informationen vorgestellt, die den Klienten nicht bevormundet oder überfordert. Die hier beschriebenen Methoden sind an die spezifischen Bedürfnisse von Menschen mit Intelligenzminderung angepasst. Trotz der MI-spezifischen Strukturvorgaben soll der Berater stets flexibel agieren und den Methodeneinsatz an die jeweilige Situation anpassen. Der Beratungsstil sollte individuell sein, der Berater soll seine eigene Persönlichkeit und seine Erfahrung einfließen lassen. Ziel ist es, eine offene, wertschätzende Kommunikation zu schaffen, die den Klienten unterstützt, sich selbst zu reflektieren und eigenverantwortliche Verhaltensänderungen umzusetzen.

B. Metzger, *Motivierende Gesprächsführung bei Menschen mit Intelligenzminderung*, https://doi.org/10.1007/978-3-662-70837-8_5

5.1 Einführung

Die vier Prozessphasen des MI, die im vierten Kapitel vorgestellt worden sind, werden unter Zuhilfenahme spezifischer Methoden durchlaufen, welche im Folgenden beschrieben werden. Um einen Überblick über die Zusammenhänge zwischen Prozessphasen und Methoden zu gewinnen, wird das bereits bekannte Schaubild um die Methoden erweitert (Abb. 5.1).

Die Methoden bauen genauso wie die Phasen aufeinander auf und können grob den einzelnen Beratungsabschnitten zugeordnet werden. Dabei sollen die Methoden dabei unterstützen, die bisher beschriebenen theoretischen Konzepte auf Basis der bereits vorgestellten Grundhaltung praktisch umzusetzen.

Wichtig ist es hierbei, die Methoden nicht stur anzuwenden, sondern sich immer ihres Sinns und der übergeordneten Zielsetzung des Beratungsprozesses bewusst zu sein. Wenn der Berater spürt, dass eine Methode in einem bestimmten Moment einfach nicht passt, so ist es immer ratsam, dem eigenen Bauchgefühl zu vertrauen, allen Vorgaben zu trotzen und dem natürlichen Gesprächsimpuls zu folgen. Das ist immer besser als ein automatisiertes „Abspulen" der Methoden.

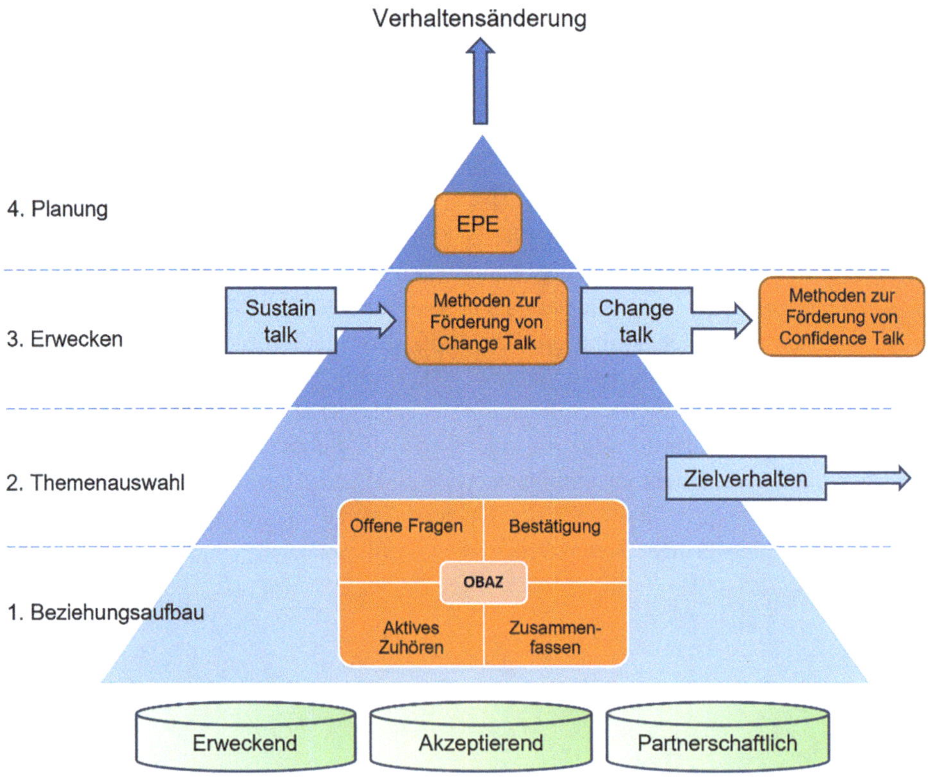

Abb. 5.1 Methoden im Überblick

Mit wachsender Routine werden sich bei jedem Berater bestimmte Methoden herauskristallisieren, die man besonders häufig und gerne anwendet. Andere Methoden wiederum wird man seltener einsetzen. Dies ist als Ausdruck des eigenen Beratungsstils vollkommen in Ordnung.

Im Gesprächsverlauf sind die Methoden nicht immer klar voneinander abzugrenzen, und das sollen sie auch gar nicht sein. Sie können kombiniert angewendet werden.

5.2 Die 4 Kernmethoden OBAZ

Zur besseren Verständlichkeit wurden die Begriffe für die Methoden aus dem Englischen sinngemäß ins Deutsche übersetzt. Eine Gegenüberstellung der englischen und deutschen Begriffe befindet sich im Glossar im Anhang des Buches (Abb. 5.2).

Die 4 Kernmethoden werden in der Originalsprache entsprechend ihrer Anfangsbuchstaben mit dem Akronym „OARS"-Methoden bezeichnet. In diesem Buch ergibt sich aufgrund der Übersetzung ins Deutsche das Akronym „OBAZ"-Methoden.

Die 4 Kernmethoden sind sehr wichtig und sollten von jedem beherrscht werden, der MI anwendet. Sie können grundsätzlich in jeder Prozessphase und zu jeder Zeit eingesetzt werden. Sie haben keine schädlichen Nebenwirkungen und können überdies Sicherheit geben, da man mit diesen Methoden ein Werkzeug beherrscht, auf das zu jeder Zeit zurückgegriffen werden kann. Dadurch können auftretende Momente der Ratlosigkeit gut überbrückt werden. Durch den Einsatz der OBAZ-Methoden wird sich das Gespräch ganz automatisch positiv weiterentwickeln.

5.2.1 Offene Fragen

Fragen sind wichtig und in Alltagsgesprächen ein natürlicher Bestandteil einer jeden Kommunikation. Sie halten das Gespräch im Fluss und schaffen eine Verbindung zum Gegenüber, indem sie Interesse und Neugier signalisieren. Außerdem kann man ein Gespräch durch gezielte Fragen in eine bestimmte Richtung lenken. Fragen sollten also unbedingt auch in einem MI-Gespräch vorkommen. Wichtig ist nur, dass man die richtigen Fragen stellt (Abb. 5.3).

Abb. 5.2 Die OBAZ Kernmethoden

Abb. 5.3 Offene Fragen

Fragen lassen sich grob in offene und geschlossene Fragen unterteilen. Geschlossene Fragen sind Fragen, die sich kurz und knapp mit einem kurzen Wort oder Satz beantworten lassen und die nur der Abfrage von Fakten dienen (Röhner & Schütz, 2020).

Beispiele für geschlossene Fragen

- Wie alt sind Sie?
- Sind Sie schon mal operiert worden? Wie oft?
- Haben Sie Schlafprobleme?
- Trinken Sie Alkohol?
- Wo wohnen Sie?
- Was machen Sie beruflich?
- … ◀

Geschlossene Fragen lassen sich in der Anfangsphase (zur Erhebung von persönlichen Daten oder zur Erstellung einer Anamnese) nicht vermeiden und haben hierfür auch ihre Daseinsberechtigung. Besonders sinnvoll sind sie auch immer dann, wenn man für bestimmte Prozessschritte die Einwilligung des Klienten erfragen möchte („Sind Sie einverstanden, mit mir über … zu sprechen?").

Für das weitere Gespräch im Sinne von MI sind sie allerdings eher ungeeignet, da sie keinen Beitrag dazu leisten, dass der Klient in die innere Reflexion kommt, und weil geschlossene Fragen die Hauptarbeit und den größten Gesprächsanteil beim Berater ansiedeln. Sie laden den Klienten lediglich dazu ein, einen isolierten Fakt auszuspucken, führen aber kaum einen weiteren Dialog herbei. Im MI sollte man deshalb darauf achten, Fragen so oft wie möglich als *offene Fragen* zu formulieren.

Beispiele für offene Fragen

- Wie schlafen Sie?
- Wie würden Sie Ihren Alkoholkonsum beschreiben?
- Was haben Sie für ein Verhältnis zu Ihren Geschwistern?
- Was würden Sie gerne an Ihrem Leben ändern?
- Was bereitet Ihnen im Alltag Schwierigkeiten?
- Welche Hindernisse haben Sie im Alltag zu meistern?
- Wie läuft ein typischer Tag bei Ihnen ab?

- Was wissen Sie über Rauchen in der Schwangerschaft?
- Was halten Sie von Bewegung?
- Inwiefern hat Ihre Familie Ihr Leben bereichert?
- Wie verbringen Sie Ihre Abende?
- Was sind die Gründe dafür, dass Sie diese Pillen nehmen?
- … ◀

Die typischen Fragewörter **Wie, Was, Wann, Warum, Welche, Welcher, und Wozu** führen die offenen Fragen an. Auch durch das Wort **„Inwiefern"** lassen sich offene Fragen einleiten.

Offene Fragen können auch indirekt (als Frage oder Aufforderung) gestellt werden, indem man den Klienten zum Erzählen und Berichten einlädt:

- Erzählen Sie mir von den Schwierigkeiten an Ihrem Arbeitsplatz
- Möchten Sie mehr darüber erzählen?
- Würden Sie das bitte genauer beschreiben?
- Das interessiert mich. Erzähle mir mehr! ◀

Durch solche offenen Fragen wird der Klient aktiv am Gespräch beteiligt. Er bekommt das Signal, dass es erlaubt und erwünscht ist, frei und ausführlich aus seiner Innenwelt zu berichten. Offene Fragen dienen dazu, möglichst reichhaltige und bunte Informationen aus der Sicht des Klienten zu erhalten (Röhner & Schütz, 2020). Nur durch offene Fragen kann man erfahren, was den Klienten bewegt, und man vermeidet die in Abschn. 3.4 beschriebene Interpretationsfalle. Aufgabe von MI ist es, die innere Ambivalenz in Bezug auf ein bestimmtes Problemthema ausführlich zu erkunden, um die Vor- und Nachteile dieses Verhaltens zu beleuchten und schließlich die Diskrepanz zwischen dem eigenen Verhalten und den eigenen Lebenswerten und Zielen zu erkennen (Miller & Rollnick, 2015). Dies gelingt nur dann, wenn der Klient durch geeignete Methoden wie die offenen Fragen dazu eingeladen wird, einen Zugang zu den eigenen inneren Wahrheiten und Überzeugungen zu finden.

Neben einem verbesserten Informationsgewinn führen offene Fragen außerdem dazu, dass sich der Klient wahrgenommen und wertgeschätzt fühlt. Er merkt, dass man ihm Neugier und Interesse entgegenbringt. Oft sind es die Klienten nicht gewohnt, frei und ausgiebig aus ihrer inneren Welt berichten zu können und betreten bereitwillig die Bühne, die man ihnen durch eine offene Frage bietet.

▶ **Anmerkung:** Eine Studie von Frielink und Embregts (2013) hat herausgearbeitet, dass man beim Einsatz offener Fragen bei Menschen mit Intelligenzminderung „Warum"-Fragen vermeiden sollte, da sie in den Klienten das Gefühl auslösen, sich für etwas rechtfertigen zu müssen, und weil sie eine subjektiv als negativ empfundene Stimmung in das Gespräch bringen.

5.2.2 Bestätigung

Bestätigende Aussagen sind Statements, die die Stärken, Werte oder Ressourcen des Klienten hervorheben. Es sind Würdigungen der positiven Eigenschaften, des bisherigen Lebensweges, der bisher eingesetzten Problemlösestrategien oder der subjektiven Sicht des Klienten auf die Dinge. Auch Fortschritte, Entwicklungen oder bisher Erreichtes können durch eine bestätigende Würdigung hervorgehoben werden (Miller & Rollnick, 2015) (Abb. 5.4).

Ziel der bestätigenden Würdigung ist es, dass sich der Klient als Ganzes gesehen fühlt, und nicht nur als Träger eines Problemverhaltens. Der Klient bekommt durch die Bestätigung das Feedback, dass er kein schlechtes, mangelhaftes Wesen ist, sondern ein Mensch, der zwar mit Problemen zu kämpfen hat, aber trotzdem sein Bestes gibt, um damit fertig zu werden. Dies soll die Selbstakzeptanz erhöhen, zu einer positiveren Grundstimmung beitragen und die Motivation zur weiteren Zusammenarbeit und zur Verhaltensänderung erhöhen.

Besonders Menschen mit Intelligenzminderung sind es erfahrungsgemäß weniger gewohnt, gewürdigt zu werden, da sie im Alltag implizit oder explizit viel negatives Feedback bekommen. Deshalb ist die Methode der bestätigenden Würdigung gerade bei diesem Personenkreis extrem wichtig und wirkungsvoll.

Dabei muss unbedingt darauf geachtet werden, dass eine Bestätigung nicht mit einem Lob verwechselt werden darf. Ein Lob kann man nur dann aussprechen, wenn man aus einer überlegenen Position heraus über den anderen urteilt. Wer lobt, verlässt demnach das Gespräch auf Augenhöhe und stellt ein Ungleichgewicht her. Wie jedoch bereits erläutert, verlangt die MI-Technik vom Berater unbedingt eine Haltung auf Augenhöhe (s. Abschn. 2.4). Der Erfahrung nach neigen Fachkräfte in der Behindertenhilfe im Alltag unabsichtlich dazu, diesen Bereich der Augenhöhe zu verlassen, da Menschen mit Intelligenzminderung durch ihre kindlichen Verhaltensanteile dazu verführen, ein Erwachsenen-Kind-Gefälle herzustellen und den Betreuer dadurch in eine „erziehende" Haltung zu drängen. Es lohnt sich daher als Berater, sich selbst und seine Haltung im Alltag diesbezüglich immer wieder zu hinterfragen und bei Bedarf aktiv zu korrigieren. Erwachsene Menschen haben unabhängig von Art und Grad der Behinderung ein Recht auf ein Gespräch auf Augenhöhe. Ohne diese Grundhaltung wird man schnell feststellen, dass man keine Ergebnisse erzielen wird. Man wird allenfalls Reaktanz oder Abhängigkeit produzieren.

Um zu überprüfen, ob man den Bereich der Augenhöhe verlassen hat, kann es helfen, sich vorzustellen, man säße einem guten Freund oder einer Freundin gegenüber und würde

Abb. 5.4 Bestätigung

ihn oder sie in einer ihrer positiven Eigenschaften würdigen. Der Unterschied zwischen einer Würdigung auf Augenhöhe und einem eher erzieherischen Lob wird einem dann sehr schnell deutlich werden.

Miller und Rollnick (2015) geben außerdem den Tipp, Würdigungen zu vermeiden, die mit dem Wort „Ich“ beginnen, da diese den Fokus auf den Berater statt auf den Klienten lenken und dadurch tendenziell Gefahr laufen, in ein Lob von oben herab abzurutschen. Eine gute Würdigung beginnt laut Miller und Rollnick (2015) eher mit den Worten „Du“ oder „Sie“.

Die Kunst des bestätigenden Würdigens verlangt vom Berater die Fähigkeit, den dem Klienten genuin innewohnenden Wert zu erkennen, einzelne Aspekte davon herauszugreifen und diese in Worte zu fassen. Sie verlangt außerdem die Fähigkeit, problematische Verhaltensweisen im Sinne eines Reframings als Coping-Strategie umzudeuten und dies entsprechend zu formulieren. Und sie verlangt die Fähigkeit, innerhalb all der Aussagen des Klienten wie ein Detektiv nach den verborgenen Schätzen, positiven Verhaltensweisen und Absichten, aber auch positiven Eigenschaften, Fähigkeiten oder Einstellungen zu suchen, diese sofort zu erkennen und durch eine würdigende Aussage zu verstärken.

Bei Menschen mit Intelligenzminderung kann es manchmal schwierig sein, im Gespräch ausreichend viele Dinge zu finden, die gewürdigt werden können. Ein Trick besteht dann darin, gezielte Möglichkeiten zu schaffen, über die der Klient seine Stärken zeigen kann (Rollenspiele, Hausaufgaben, Ressourcenkärtchen etc …). Außerdem kann es eine Möglichkeit sein, Entscheidungsfragen zu stellen oder Wahlmöglichkeiten zu geben und dann die Stärke der Auswahl zu bestätigen. Grundsätzlich bietet es sich an, den Fokus bei Bedarf auch auf sehr kleine Dinge zu richten- alleine schon, dass der Klient zur Sitzung erschienen ist, kann eine bestätigende Würdigung wert sein. Was genau bestätigt wird, ist grundsätzlich unerheblich. Hauptsache, es kommt von Herzen und wird so oft wie möglich ins Gespräch mit eingebaut.

Eine bestätigende Aussage sollte klar und prägnant in einem Statement getätigt werden und nicht durch Abschwächungen oder Nebensätze verwässert werden. Nur so kommt sie auch an und trifft in einem positiven Sinne direkt ins Herz des Klienten. Eine Würdigung kann auch damit verbunden sein, dass man dem Klienten spiegelt, was das von ihm Gesagte in einem selbst auslöst.

Beispiele für bestätigende Aussagen

- Es ist schön, Sie zu sehen.
- Sie haben in Ihrem Leben viele Krisen gemeistert und sich immer wieder durchgebissen.
- Es ist Ihnen wichtig, selbstständig zu sein.
- Sie sind offenbar ein Mensch, mit dem andere gerne ihre Zeit verbringen.
- Sie haben ihr Stimmungstagebuch letzte Woche jeden Tag ausgefüllt. Hut ab vor dieser Gewissenhaftigkeit!
- Sie haben einen Rückfall erlebt und halten trotzdem weiterhin an Ihrem Vorsatz der Abstinenz fest. Das heißt für mich, dass Sie viel Willenskraft besitzen.

- Trotz Ihrer Ängste haben Sie sich getraut, Ihre Mitbewohnerin darauf anzusprechen. Respekt für diesen Mut!
- Die Schilderung Ihrer Beziehung zu Ihrer Mutter hat mich sehr berührt.
- Danke, dass Sie so pünktlich gekommen sind.
- Sie haben zwei Bewerbungsgespräche gehabt. Das ist gut!
- … ◀

Eine besonders einfache, aber wirkungsvolle Form, eine Würdigung auszusprechen ist es, dem Klienten für sein Verhalten innerhalb der Beratung zu danken:

- Vielen Dank, dass Sie sich heute wieder so geöffnet haben.
- Vielen Dank für Ihr Vertrauen, das weiß ich sehr zu schätzen.
- Danke für Ihre aktive Mitarbeit.
- Danke, dass Sie jedes Mal so zuverlässig hier erscheinen.
- Vielen Dank dafür, dass Sie sich trotz des schwierigen Themas auf das Gespräch eingelassen haben.
- … ◀

Mit der würdigenden Aussage bezieht sich der Berater im Rahmen des Gesprächs direkt auf das vom Klienten Gesagte. Damit handelt es sich beim Bestätigen oder Würdigen um eine Sonderform des aktiven Zuhörens, welches wir im nächsten Kapitel genauer behandeln.

5.2.3 Aktives Zuhören

Die Technik des aktiven Zuhörens ist das zentrale Herzstück jeder professionellen Kommunikation und damit so wertvoll, dass man im Grunde genommen ein eigenes Buch darüber schreiben könnte. Das aktive Zuhören wird in den meisten therapeutischen Trainings und in jeder Coaching- oder Beraterausbildung gelehrt und im Rahmen von Workshops intensiv eingeübt (Abb. 5.5).

Das aktive Zuhören hilft immer und jederzeit, bereichert das Leben im Beruf und im privaten Kontext und sollte unbedingt beherrscht werden. Im Rahmen von MI sollte es mit Abstand die am häufigsten eingesetzte Methode sein und insgesamt den deutlichen Hauptteil (mindestens 80 %) aller MI-Methoden ausmachen (Miller & Rollnick, 2015).

Abb. 5.5 Aktives Zuhören

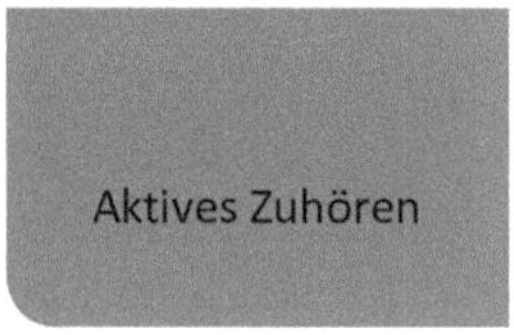

Konsequent angewendet verhindert das aktive Zuhören, dass man als Berater in einen lösungsfixierten, bevormundenden und belehrenden Dialog abrutscht, sondern stattdessen in der wahrnehmenden, verstehenden und nicht-bewertenden Haltung bleibt. Es hilft dabei, gemeinsam mit dem Klienten ein Thema zu erforschen und dabei auftretende Gefühle und Befindlichkeiten absichtslos und wertungsfrei zu betrachten. Schon alleine deshalb ist es eine wahre Wohltat für den Klienten, der sich dadurch in seinem Thema vollkommen aufgehoben fühlt und nicht sofort von Interpretationen und Lösungsvorschlägen überrollt wird.

Aktives Zuhören erfordert die ungeteilte Aufmerksamkeit des Beraters, welche z. B. durch freundlichen Blickkontakt signalisiert wird. Nebenbei Notizen zu machen, im Handy zu tippen oder auf die Uhr zu sehen signalisiert Unaufmerksamkeit und wird vom Klienten eher als unangenehm empfunden.

Aktives Zuhören kann verbal oder nonverbal über Mimik und Gestik geschehen. Im Idealfall ist es ein Zusammenspiel von beidem. Rein methodisch bedeutet es, die verbalen Äußerungen des Klienten in regelmäßigen Abständen in vertiefter Form und idealerweise mit einer emotionalen Färbung versehen zu wiederholen (Plate, 2021). Diese vertieften Rückmeldungen werden in der Regel in Form einer Aussage, nicht in Form einer Frage, wiedergegeben und sollten möglichst nicht länger sein als die Äußerung, auf die sie sich beziehen (Miller & Rollnick, 2015).

Dabei kann man auf drei verschiedene Arten vorgehen, die im Folgenden ihrer Wirksamkeit, aber auch ihrer methodischen Komplexität nach aufsteigend dargestellt werden.

1. **Wiederholen**

   Für diese Form des aktiven Zuhörens braucht es kaum Übung. Diese Methode kann jeder beherrschen. Man wiederholt dabei nahezu wortwörtlich das, was das Gegenüber gesagt hat. Im Gegensatz zu dem, was man intuitiv meinen könnte, wirkt das im Rahmen des natürlichen Gesprächsflusses nicht irritierend, wenn man es nicht zu mechanisch anwendet (kein Papagei-Modus).

Beispiele

Klient: „Das geht jede Nacht so. Ich kann stundenlang nicht einschlafen. Wenn ich dann endlich schlafe, träume ich schlecht und wache immer wieder ganz verschwitzt auf. In der Früh fühle ich mich dann total erschöpft und ausgelaugt."

Berater: „Sie fühlen sich in der Früh ganz erschöpft und ausgelaugt."

Oder:

Klient: „Ich habe meinen Alkoholkonsum im Griff. Ich komme trotz Rausch am nächsten Tag immer pünktlich zur Arbeit."

Berater: „Sie kommen trotz Rausch immer pünktlich zur Arbeit." ◀

Das Wiederholen ist im Grunde eine Form des Spiegelns. Indem Sie dem Klienten durch das Wiederholen einzelner Worte oder Satzteile sprichwörtlich einen verbalen Spiegel vorhalten, animieren Sie ihn gezielt dazu, sich seine eigenen Worte nochmal anzusehen und sie nochmal zu konkretisieren oder zu überdenken. Wie das Wiederholen aussehen kann, wenn man nur einzelne Worte spiegelnd wiedergibt, zeigen die folgenden Beispiele:

Beispiele

Klient: „Mein Mann macht das immer!"
Berater: „Immer?"
Klient: „Naja nicht immer. Einmal hat er auch …"
Oder:
Klient: „Jedes Mal, wenn wir miteinander reden, eskaliert die Situation."
Berater: „Jedes Mal?"
Klient: „Nicht ganz jedes Mal. Ich kann mich an Situationen erinnern, in denen …"
Oder:
Klient: „Mit den paar zusätzlichen Euros können wir überhaupt nichts anfangen."
Berater: „Überhaupt nichts?"
Klient: „Doch schon … es hilft uns immerhin ein bisschen, aber es reicht trotzdem nicht …"
Oder:
Klient: „Diese Aussage hat mich schon ein bisschen verletzt."
Berater: „Ein bisschen?"
Klient: „Ehrlich gesagt mehr als ein bisschen. Ich war am Boden zerstört." ◀

Die Technik des Spiegelns im Sinne des Wiederholens einzelner Worte eignet sich besonders gut, wenn der Klient verabsolutierende Begriffe verwendet (z. B. immer, nie, sofort, überhaupt nicht, jeder, ständig, alle, usw.), da Verabsolutierungen meistens nicht ganz der Realität entsprechen und daher einen guten Ansatzpunkt für ein vertieftes Reflektieren der Sachlage bieten.

2. **Rephrasieren**
   Beim Rephrasieren gibt man das vom Klienten Gesagte in anderen Worten zurück. Dadurch entsteht eine vertiefte Rückmeldung, die noch stärkeres Verständnis und Wohlwollen ausdrückt als die erste Methode.

Beispiele

Klient: „Das geht jede Nacht so. Ich kann stundenlang nicht einschlafen. Wenn ich dann endlich schlafe, träume ich schlecht und wache immer wieder ganz verschwitzt auf. In der Früh fühle ich mich dann total erschöpft und ausgelaugt."
Berater: „Sie schlafen nachts zu wenig und zu unruhig und dadurch fühlen Sie sich morgens müde und kaputt."

Oder:

Klient: „Ich habe meinen Alkoholkonsum im Griff. Ich komme trotz Rausch am nächsten Tag immer pünktlich zur Arbeit."

Berater: „Sie haben kein Problem mit Ihrem Alkoholkonsum." Oder „Sie haben die Kontrolle über Ihren Alkoholkonsum." Oder „So lange Sie noch pünktlich zur Arbeit kommen, ist Ihr Alkoholkonsum nicht problematisch."

Oder:

Klient: „Mein Alkoholkonsum hat sich im letzten Jahr verstärkt."

Berater: „Sie trinken mehr als früher." ◀

3. **Paraphrasieren**

   Beim Paraphrasieren versucht man als Berater, den emotionalen Inhalt aus der Aussage des Klienten herauszuhören und mit eigenen Worten in vertiefter Form wiederzugeben. Dabei sollte man unbedingt darauf achten, nicht zu interpretieren oder gar zu analysieren oder eine vom Klienten nicht geäußerte Mehrbedeutung hinzuzufügen, sondern ganz bei der geäußerten Wahrnehmung des Klienten zu bleiben.

Der Berater bietet dem Klienten dadurch in seiner Aussage des aktiven Zuhörens kurze Impulse an, das Gesagte auf seinen emotionalen Inhalt hin zu überprüfen bzw. zu vertiefen. Dabei ist es ausdrücklich nicht notwendig, dass der Berater das, was der Klient emotional ausdrücken wollte, tatsächlich richtig erfasst und den Nagel auf den Kopf trifft. Es geht nur darum, dem Klienten zu signalisieren, dass man den Versuch unternimmt, den emotionalen Gehalt zu erfassen und dass man ihm durch ein kurzes Pausieren bei dieser Aussage die Möglichkeit gibt, seine emotionale Befindlichkeit selbst zu überprüfen und dem Berater rückzumelden, ob er der Aussage des Beraters zustimmt, oder nicht.

Beispiele

Klient: „Das geht jede Nacht so. Ich kann stundenlang nicht einschlafen. Wenn ich dann endlich schlafe, träume ich schlecht und wache immer wieder ganz verschwitzt auf. In der Früh fühle ich mich dann total erschöpft und ausgelaugt."

Berater: „Sie sind verzweifelt darüber, wie Ihre Nächte momentan ablaufen."

Oder: „Sie sind sehr belastet."

Oder: „Sie sind mit den Nerven am Ende."

Oder: „Sie quälen sich da sehr."

Oder:

Klient: „Ich habe meinen Alkoholkonsum im Griff. Ich komme trotz Rausch am nächsten Tag immer pünktlich zur Arbeit."

Berater: „Sie sind stolz auf Ihre Zuverlässigkeit."

Oder: „Das Gefühl, die Lage im Griff zu haben, ist Ihnen wichtig."

Oder: „Sie fühlen sich gekränkt, wenn Ihnen jemand ein Problem mit Alkohol unterstellt." ◀

Folgende Redeinhalte eignen sich besonders gut fürs aktive Zuhören:
- Vom Klienten ausgedrückte **Gefühle** oder **Emotionen**
- Beschreibungen von **Körperempfindungen** des Klienten
- Das vom Klienten **zuletzt Gesagte**
- Alles, was man **zwei Mal** hört (scheint dem Klienten besonders wichtig zu sein)

So gut wie immer wird eine Aussage des aktiven Zuhörens dazu führen, dass sich das Gespräch an dieser Stelle vertieft und der Klient in eine weitere Klärung seines eigenen emotionalen Zustands geht. Der Klient bekommt kurz die Möglichkeit, innezuhalten und dem Berater dabei zuzuhören, wie er ihm seine eigene Innenwelt spiegelt. Er wird auf eine Aussage des aktiven Zuhörens hin so gut wie immer unaufgefordert weitersprechen und die durch das aktive Zuhören implizit ausgesprochene Einladung bereitwillig annehmen, sich noch ausführlicher und tiefergehender zu erklären und zu öffnen. Er wird seine eigenen Aussagen nochmal intensiver überprüfen und vertieft ins Spüren kommen. Aktives Zuhören ist dann besonders erfolgreich, wenn der Klient das Gefühl hat, dass ihm aus der Seele gesprochen wird. „Endlich ist da jemand, der mir zuhört und der versucht, mich ganz und gar zu verstehen."

Auch beim aktiven Zuhören ist es wichtig, dass der hauptsächliche Redeanteil beim Klienten liegt. Die Rückmeldungen im Sinne des aktiven Zuhörens sollten also möglichst knapp und wenig ausschweifend formuliert werden. Wichtig ist es außerdem, sie als Aussage zu formulieren und nicht als Frage. Es geht um eine Rückmeldung und um das Signal, dass man sich gerade in diesem Moment voll und ganz auf den Klienten einlässt. Es geht nicht darum, nachzufragen, ob man etwas richtig verstanden hat.

5.2.4 Zusammenfassen

Die Methode des Zusammenfassens hat mehrere Ziele: Sie dient dem Zweck, als Berater in regelmäßigen Abständen zu überprüfen, ob man den Klienten richtig verstanden hat. Das ist sehr wichtig, um sicherzustellen, dass beide im gleichen Tempo voranschreiten, ohne dass einer den anderen abhängt. Es ist so, als würde man immer mal wieder Wegmarken setzen, an denen einer den anderen abholt. Die Zusammenfassung bietet in diesem Rahmen auch die Möglichkeit, Missverständnisse aufzuklären, bevor sie den Prozess blockieren, oder Prioritäten und Ziele nochmal anders zu setzen, wenn man feststellt, dass man sich im Gesprächsprozess verirrt hat. Zusätzlich stärkt die Zusammenfassung die Beziehung, weil sie dem Klienten, genau wie das aktive Zuhören, zeigt, dass man aufmerksam zugehört hat (Abb. 5.6).

Eine Zusammenfassung kann vom Berater aber auch bewusst eingesetzt werden, wenn er das Gefühl hat, das Gesprächstempo regulieren zu müssen. Eine Zusammenfassung bie-

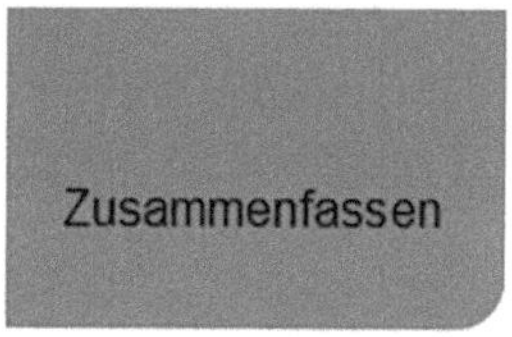

Abb. 5.6 Zusammenfassen

tet eine Zäsur, einen kurzen Moment der Pause und der Sammlung, den beide Gesprächsteilnehmer auch nutzen können, um einmal kurz durchzuatmen und Rückschau auf das zu halten, was bereits besprochen wurde.

Als Gesprächsmethode dient die Zusammenfassung aber auch der erneuten Wiederholung des bereits Gesagten, wodurch es zusätzlich vertieft und verfestigt wird. Das ist insbesondere in der Prozessphase des Erweckens besonders wichtig, wo es ja darauf ankommt, dass sich der Change-Talk durch wiederholte Vertiefung verfestigt und sich automatisch in eine Veränderungsmotivation überträgt (s. Abschn. 4.4).

Im Rahmen des MI-Prozesses gibt es verschiedene Stellen, an denen eine Zusammenfassung sinnvoll ist.

1. **Die „kleine" Zusammenfassung**: Sie kann an jeder Stelle des Prozesses und zu jeder Zeit stattfinden, wenn der Berater das Gefühl hat, es wäre sinnvoll, eine Zäsur zu setzen und das bisherige Gespräch kurz zu bündeln. Hierfür reichen einige kurze Sätze. Bei dieser Zusammenfassung trägt man die Inhalte der unmittelbar zurückliegenden Gesprächsphase kurz zusammen.
2. **Zum Sitzungsende**: Am Ende jeder Sitzung sollte eine Zusammenfassung der zurückliegenden Sitzung erfolgen. In die Erstellung dieser Zusammenfassung sollte der Klient mit einbezogen werden. In dieser Zusammenfassung bündelt man nicht nur die Inhalte der Sitzung, sondern kann auch einen Blick aus der Metaebene anbieten und auf die Qualität der Zusammenarbeit, auf Störfaktoren oder Widerstände, aber auch auf besondere Fortschritte oder Erfolge der Sitzung eingehen. Ebenso kann die Zusammenarbeit auch mit einem Fazit des Klienten enden oder zu einer tiefergehenden Erkenntnis im Sinne eines Ausblicks führen.
3. **Die „große" Zusammenfassung:** Die große Zusammenfassung wurde bereits in Abschn. 4.4 beschrieben, denn sie stellt einen wesentlichen Baustein des MI-Prozesses dar, der am Übergang von der Erweckensphase zur Planungsphase steht. Im Wesentlichen stellt die große Zusammenfassung den letzten Schritt des Prozesses der inneren Abwägung aller Argumente Pro und Contra Verhaltensänderung dar, und sie sollte dann erfolgen, wenn sowohl Berater als auch Klient den Eindruck haben, dass alle Argumente rund um das Problemthema ausführlich besprochen und gewichtet wurden. Sinn und Zweck der großen Zusammenfassung ist es, dass der Klient das vollständige Panorama seiner Innenwelt in Bezug auf das Problemthema nochmal von außen gespiegelt bekommt. Der Klient kann so seine innere Ambivalenz auf das Problemthema

noch einmal kurz würdigen, um dann schließlich die Argumente, die er selbst erarbeitet hat, und die FÜR die Verhaltensänderung sprechen, noch einmal gebündelt und emotional gewichtet vorgetragen zu bekommen. Methodisch geht man bei der großen Zusammenfassung so vor, dass man zu Beginn die Argumente GEGEN die Verhaltensänderung kurz und knapp darstellt, um dann am Ende die Argumente FÜR die Verhaltensänderung ausführlich, detailliert, wortreich und emotional gewichtet vorzutragen. Das, was der Klient als Letztes hört, bleibt in ihm haften. Deshalb ist diese Reihenfolge sehr wichtig. Die große Zusammenfassung ist also die letzte große Klärung, bevor es ans konkrete Planen der Verhaltensänderung geht.

Beispiel aus der Praxis: Gesprächsprotokoll mit Kennzeichnung der OBAZ-Methoden

B: Schön, dich wieder zu sehen. Wie war denn die vergangene Woche für dich?	Offene Frage
K: Ganz gut	Verhaltene Reaktion
B: Was genau war denn ganz gut?	Offene Frage
K: Eigentlich war nix besonderes los. Ich hatte Urlaub und war die meiste Zeit zuhause. Es gab einmal Stress mit meinen Eltern. Die nerven einfach!	
B: Es gab also Stress mit deinen Eltern.	Aktives Zuhören: Wiederholung
K: Ja die haben sich drüber aufgeregt, dass ich nichts auf die Reihe kriege und nur rumhänge. Und dann wollten sie mir verbieten, dass ich abends lange draußen bleibe. Nur weil ich letztes Mal betrunken nach Hause gekommen bin. Die sind einfach so uncool.	
B: Deine Eltern haben kein Verständnis dafür, wie du lebst.	Aktives Zuhören: Rephrasieren
K: Null. Die sind nur am Meckern. Das Schlimmste ist, dass sie mir dann alles verbieten. Dass ich dann am Samstagabend in meinem Zimmer rumsitzen soll, während mein Bruder raus darf. Was soll denn das?	
B: Mhm. Dass du bestraft wirst, regt dich richtig auf.	Aktives Zuhören: Paraphrasieren
K: Total! Das ist so unfair. Immerhin war ich jetzt schon seit Wochen nicht mehr betrunken. Überhaupt trinke ich ja eigentlich viel weniger als früher. Aber das nehmen die gar nicht wahr.	
B: Also eigentlich strengst du dich total an und machst auch schon Fortschritte. Hut ab! *K: Ja total! Ich mache riesen Fortschritte. Nur keiner sieht sie. Alle hacken immer nur auf mir rum.*	Bestätigung

B: Mhm das klingt sehr frustrierend. Lass es mich mal kurz zusammenfassen: Deine Woche war eigentlich ganz gut bis auf den Stress mit deinen Eltern. Die nehmen dich und deine Fortschritte nicht wahr, hacken nur auf dir rum und wollen dich kontrollieren. Und du reagierst frustriert. Ist das richtig bei mir angekommen?	Aktives Zuhören/ Kleine Zusammenfassung
K: Ganz genau so ... *B: ...* *K: ...*	

5.3 Methoden zur Förderung von Change-Talk

Während es sich bei den bisher dargestellten OBAZ-Methoden um Werkzeuge handelte, die man zu jeder Zeit im gesamten MI-Prozess anwenden kann und soll, werden im Folgenden Methoden vorgestellt, die gezielt an bestimmten Stellen des MI-Prozesses einzusetzen sind (Abb. 5.7).

Besonders wichtig sind die Methoden, die im Rahmen der entscheidendsten und sensibelsten Phase des gesamten MI-Prozesses einzusetzen sind, der Erweckensphase. Es handelt sich dabei um gezielte Methoden, die den in Abschn. 4.4.1 ausführlich vorgestellten Change-Talk fördern sollen.

Nochmal zur Erinnerung:

Unter Change-Talk versteht man alle Aussagen des Klienten, die PRO Veränderung sind. Es kann sich dabei um Wünsche, Fähigkeiten, Gründe, Notwendigkeiten, ein Commitment, eine Motivation oder eine bereits bestehende Aktion handeln (Miller & Rollnick, 2015).

Je mehr Change-Talk der Klient äußert, desto stärker steigt automatisch auch seine intrinsische Veränderungsmotivation, deshalb ist es wichtig, den Klienten in der Produktion von Change-Talk durch gezielte Maßnahmen zu fördern. Um ihm solche Aussagen zu entlocken, kann man auf einen großen Methodenkoffer zurückgreifen, der im Folgenden ausschnittsweise vorgestellt wird. Darüber hinaus sind der Kreativität und Methodenvielfalt keine Grenzen gesetzt.

5.3.1 Offene Fragen

Eine der bereits vorgestellten OBAZ-Methoden hilft auch hier, um Aussagen PRO Veränderung hervorzulocken oder Change-Talk des Klienten aufzugreifen und weiter zu verfestigen: Die offene Frage.

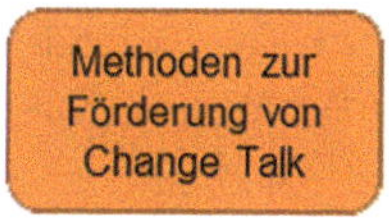

Abb. 5.7 Methoden zur Förderung von Change-Talk

Miller und Rollnick (2015) schlagen vor, dass man sich beim Stellen der offenen Fragen an den verschiedenen Formen des Change-Talks orientiert (s. Abschn. 4.4.1):

Wünsche Fähigkeiten Gründe Notwendigkeiten	Vorbereitender Change-Talk
Selbstverpflichtung Aktivierung Unternommene Schritte	Mobilisierender Change-Talk

Zur Förderung von Change-Talk eignen sich also insbesondere Wunschfragen („Was wollen/hoffen/mögen/wünschen Sie …?“), Fragen nach Fähigkeiten („Können/zuversichtlich/zutrauen/könnten …?“), Fragen nach Gründen (Gründe, Schattenseiten, positive Aspekte, Lohnenswertes …), das Sprechen über Notwendigkeiten („Wie ernst/dringend ist …?“/ „Wie wichtig ist …?“/ „Was muss sich ändern?“ …), Fragen nach Aktivierung („Tun/handeln/schaffen/machen/erledigen …“) und Fragen nach bereits unternommenen Schritten. Aber auch jede andere Form von offener Frage, die dazu dient, das Problemverhalten zu explorieren, ist gut geeignet.

Beispiele

- Welche Wünsche haben Sie für Ihr Berufsleben? (Wunschfrage)
- Was erhoffen Sie sich von der Beratung? (Wunschfrage)
- Wie könnte es dir gelingen, mehr Sport zu treiben? (Frage nach Fähigkeiten)
- Welche Veränderungen würdest du dir zutrauen? (Frage nach Fähigkeiten)
- Wie haben Sie solche Schwierigkeiten bisher gemeistert? (Frage nach Fähigkeiten)
- Was spricht dafür, mit dem Trinken aufzuhören? (Frage nach Gründen)
- Warum würde es sich lohnen, an der Partnerschaft zu arbeiten? (Frage nach Gründen)
- Wie behindert Sie Ihr Trinkverhalten im Alltag? (Frage nach Gründen)
- Was stört Dich an Deinem Übergewicht? (Frage nach Gründen)
- Welche Vorteile sehen Sie darin, sich im Alltag mehr zu bewegen? (Frage nach Gründen)
- Was muss sich ändern, damit Sie ihr Leben wieder als lebenswert empfinden? (Frage nach Notwendigkeiten)
- Wie wichtig ist es für dich, die Situation in den Griff zu kriegen? (Frage nach Notwendigkeiten)
- Was müsste passieren, damit es Dir gelingt, mit dem Rauchen aufzuhören? (Aktivierung)
- Was könnte ein erster Schritt sein? (Aktivierung)
- Welche Methoden zum Abnehmen hast du schon ausprobiert? (Frage nach unternommenen Schritten)
- … ◀

Die große Stärke der offenen Fragen liegt darin, dass sie den Klienten dazu animieren, frei und vertieft über sein Problemthema zu sprechen. Die Richtung der Fragestellung erhöht die Wahrscheinlichkeit, dass der Klient bei der Beantwortung der Frage Change-Talk produziert.

5.3.2 Wichtigkeitsranking

Mit Hilfe einer Skala lassen sich Prioritäten und Wertigkeiten visuell veranschaulichen und im übertragenen Sinne quantifizieren. Gerade bei Menschen mit Intelligenzminderung kann dies hilfreich sein, wobei darauf geachtet werden sollte, dass numerische Skalen maximal von 1–5 laufen sollten, damit sie nicht zu komplex werden. Für Klienten, die kein Zahlenverständnis besitzen, kann man die Skalen auch in Form einer Farbskala (Ampelfarben) oder mit Piktogrammen anbieten.

Beispiele

Frage: Wie bewerten Sie Ihren aktuellen Alkoholkonsum? (Abb. 5.8)

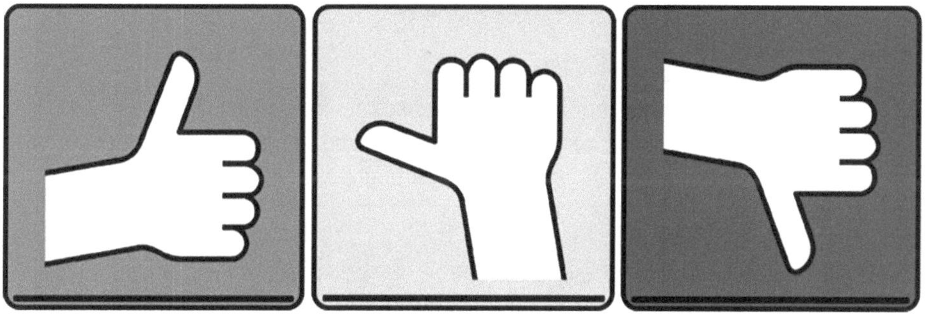

Abb. 5.8 Bewertungskarten (© Metacom)

Frage: Wie zufrieden bist Du momentan mit Deinem Gewicht? (Abb. 5.9)

Abb. 5.9 Zufriedenheitsskala (© Metacom)

Frage: Welche Schulnote würdest du dir selbst in der Arbeit geben?

Schulnote: 1-6

Frage: Auf einer Skala von 1-- (1 ≙ gar nicht gut , 5 ≙ sehr gut): Wie gut bewerten Sie Ihre aktuelle Beziehung zu Ihrem Partner? (Abb. 5.10)

Abb. 5.10 Zustimmungsskala

◀

Anschließend sollte mit dieser Skala gearbeitet werden. Man kann dann beispielsweise fragen, was sich ändern müsste, damit der auf der Skala markierte Wert sich in eine positivere Richtung bewegen würde oder aber auch was passieren müsste, damit alles noch schlimmer würde (paradoxe Frage). Oder man fragt danach, was wohl eine wichtige Bezugsperson ankreuzen würde.

Beispiele

- Warum hast Du nicht die 2 angekreuzt?
- Was müsste passieren, damit Du die 5 ankreuzt?
- Wie müsste die Beziehung zu Ihrem Partner aussehen, damit sie die Note 1 bekommt?
- Welche Schulnote würde dir wohl dein Chef in der Arbeit geben?
- … ◀

Skalierungen sind deshalb so wirkungsvoll, da sie dem Klienten visuell verdeutlichen, dass seine Problematik nicht ganz so absolut ist, wie er zunächst vielleicht dachte. Außerdem können kleinschrittige Veränderungen dadurch visuell erfahrbar gemacht werden, wodurch der Klient ein Gefühl der Handlungskompetenz und Selbstwirksamkeit bekommen kann.

Sollte sich an die Beratung auch eine längerfristig angelegte Prozessbegleitung anschließen, kann die Skala auch sehr gut zur Verlaufskontrolle und zum Aufzeigen von Entwicklungen verwendet werden.

5.3.3 Vier-Felder-Matrix

Jeder kennt die Situation, dass er sich in einer Entscheidungssituation befindet und einfach nicht weiß, in welche Richtung er sich entscheiden soll. Viele Menschen greifen dann in ihrer Verzweiflung zu Stift und Papier und legen eine Pro/Contra-Liste an. Nachdem die Liste ausgefüllt ist, stellen sie aber frustriert fest, dass sie weiterhin in ihrer Entscheidungsfindung blockiert sind. Es geht nicht vor und nicht zurück. Das liegt daran, dass die innere Ambivalenz (s. Abschn. 2.5) in Bezug auf eine Entscheidung nicht in einer zweidimensionalen Liste mit allen Argumenten FÜR und WIDER abgebildet werden kann, denn auch für jedes FÜR gibt es Gegenargumente und ebenso für jedes WIDER. Aus diesem Grund macht es Sinn, die zweidimensionale Pro/Contra-Liste auf vier Felder zu erweitern und eine sogenannte Vier-Felder-Matrix anzulegen.

Eine Vier-Felder Matrix nach Marlatt und Gordon (1985) ist das ideale Werkzeug, um die inneren Gründe Für und Wider ein bestimmtes Verhalten, aber auch Für und Wider einer Änderung ebendieses Verhaltens ganz ausführlich von allen Seiten zu beleuchten und zu sortieren.

Im Folgenden ist eine Vier-Felder-Matrix zum Beispiel „Rauchen" abgebildet (Abb. 5.11):

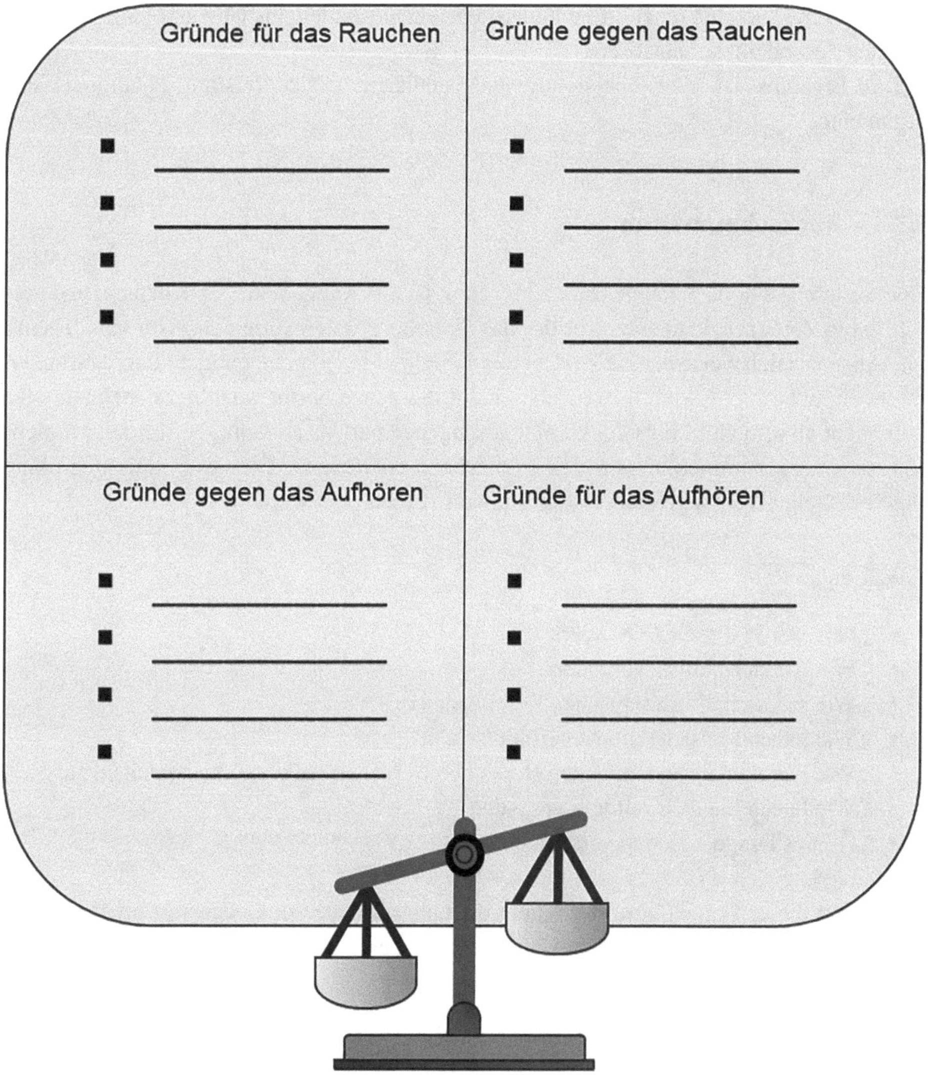

Abb. 5.11 Vier-Felder-Matrix

Das Ausfüllen der Matrix kann entweder als Hausaufgabe mitgegeben werden (vorausgesetzt, die kognitiven und orthografischen Fähigkeiten des Klienten lassen dies zu), oder sie kann gemeinsam im Rahmen einer oder mehrerer Sitzungen an einem Flipchart oder einer Tafel ausgefüllt werden. Bei Klienten, die nicht lesen oder schreiben können, kann die Matrix auch durch den Berater ausgefüllt und anschließend nochmal zusammenfassend vorgetragen werden. Selbstverständlich können auch Bilder, Symbole oder Zeichnungen eingetragen werden.

Es kann auch eine Möglichkeit sein, die Vier-Felder-Matrix während des gesamten Beratungsprozesses (auch über mehrere Stunden hinweg) am Flipchart-Ständer hängen zu lassen und immer dann zu ergänzen, wenn im Gespräch ein neues Argument aufkommt.

Sinnvoll ist es auch, die einzelnen Argumente zu gewichten, bzw. diejenigen Argumente zu kennzeichnen (z. B. mit einem Stern), die besonders ins Gewicht fallen bzw. im Klienten besonders viel auslösen.

Das Ergebnis ist eine übersichtliche Visualisierung des inneren Panoramas der Argumente.

5.3.4 Rückschau halten

Eine weitere Methode, Change-Talk zu fördern, ist das Angebot an den Klienten, gedanklich in die Zeit zurückzukehren, in der das aktuelle Problemverhalten noch kein Thema war. Also beispielsweise in eine Zeit, in der der Klient noch nicht geraucht oder getrunken hat, noch nicht übergewichtig war, noch nicht die ganze Nacht wach geblieben ist, oder noch nicht all sein Geld für Glücksspiel ausgegeben hat. Veränderungen werden oft nicht bewusst wahrgenommen, da sie sich schleichend entwickeln. Dies kann durch den Vergleich zwischen Vergangenheit und Gegenwart verdeutlicht werden.

Beispiele

- „Was war in dieser Zeit anders?"
- „Was hat sich seither verändert?"
- „Wie sah damals ein typischer Tag für Sie aus?"
- „Wie haben Sie sich damals gefühlt?"
- „Was war damals anders in den Bereichen Beruf, Sozialleben, Liebesleben, etc …?"
- „Wie haben Sie sich seitdem verändert?"
- „Gibt es Dinge, die sich verschlechtert haben?"
- … ◀

Anhand dieser Fragen wird der Klient die Unterschiede zur Gegenwart erkennen und realisieren, dass sein Problem nicht statisch ist, sondern sich verändern kann- im positiven wie im negativen Sinne.

Vorsicht: Diese Methode ist sehr mächtig und kann durch die Wahrnehmung erlebter schmerzhafter Verluste und des eigenen Versagens sehr starke Gefühle im Klienten auslösen. So hilfreich dies auch sein mag, um den Klienten die Notwendigkeit einer Verhaltensänderung spüren zu lassen, so gut muss sich der Berater aber auch in der Lage sehen, mit den aufkommenden Emotionen umzugehen. Wenn ein Klient mutmaßlich nicht über die Fähigkeiten verfügt, sein Problem nachhaltig zu verändern, ist diese Methode ethisch eher nicht zu vertreten, da sie unnötige Wunden schlagen kann (Lippert, 2021).

5.3.5 Frage nach Ausnahmen

Das Fragen nach Ausnahmen besteht darin, den Klienten dazu aufzufordern, von den möglicherweise seltenen Momenten zu berichten, in denen er mit seinem „Problem“ anders umgegangen ist. Oder nach Situationen zu fragen, in denen etwas gut gelaufen ist, in denen etwas geklappt hat, oder in denen dem Klienten etwas gut gelungen ist.

Dadurch soll der Klient erkennen, dass ein anderes Verhalten grundsätzlich möglich ist, und dass es sogar bereits Bestandteil seines Verhaltensrepertoires ist. Anschließend können die Bedingungen und Voraussetzungen dieses Verhaltens erforscht werden bzw. mit den Bedingungen und Voraussetzungen misslungenen Verhaltens verglichen werden, um Erkenntnisse daraus abzuleiten.

Beispiele:

- Was war an dem Tag, als du nicht geraucht hast, anders als sonst?
- Was hat Sie dazu veranlasst, an dem Tag nicht zu trinken?
- Wie kommt es, dass du an diesem Tag nicht mit ihr gestritten hast?
- Im Urlaub haben Sie es geschafft, eine Woche lang nicht zu trinken. Wie kam es dazu?
- Was hilft dir dabei, es so zu machen?
- Was müsste passieren, damit es mehr solcher Ausnahmetage gäbe?
- Was ist an den Tagen anders, an denen du pünktlich in der Arbeit erscheinst?
- … ◀

5.3.6 Gedankenexperiment: Negative Extrementwicklung

Diese Methode ist sehr wirkungsvoll. Man lädt den Klienten dazu ein, sich vorzustellen, was im schlimmsten Fall passieren würde, wenn er an seinem Verhalten nichts ändern würde. Nach Grawe (2004) führt dies meist zu einer Zunahme an emotionaler Aktivierung.

Beispiele:

- „Was könnte Schlimmes passieren, wenn du weiterhin so viel Alkohol trinkst?"
- „Was wäre das Schlimmste, was passieren könnte, wenn Sie trotz Diabetes weiterhin so viel Süßes essen?"
- „Wie wird Ihr Leben weitergehen, wenn Sie weiterhin nicht zum Arzt gehen?"
- „Mal angenommen, du machst so weiter. Welche Folgen könnte das im schlechtesten Fall haben?"
- … ◄

Wichtig ist es, dieses Szenario durch offene Fragen und aktives Zuhören möglichst breit ausrollen und auf viele Aspekte des Lebens auszudehnen. So kann man beispielsweise nach den sozialen, medizinischen, beruflichen, körperlichen, emotionalen oder beruflichen Folgen fragen. Dabei ist darauf zu achten, dass der Klient sich nicht auf eine sachliche Aufzählung der Folgen zurückzieht, sondern ins Spüren kommt, indem emotionale Aussagen verstärkt werden oder indem nach körperlichen Signalen für eine Unstimmigkeit gefragt wird („wie fühlt sich die Vorstellung denn an, wegen einer Krebserkrankung ins Krankenhaus zu müssen?"). Es konnte gezeigt werden, dass Klienten, die ihre körperlichen Empfindungen während einer Sitzung beschreiben, am Ende „erfolgreicher" dabei sind, sich weiterzuentwickeln (Gendlin, 1982).

Die Auseinandersetzung mit einer negativen Extrementwicklung führt dem Klienten deutlich die langfristigen Folgen seines Verhaltens vor Augen und führt dadurch zum Auftreten von Change-Talk („oh je … da sollte ich doch besser aufhören" oder „nee das will ich ja dann auch nicht, da wäre es schon besser, ich würde …").

5.3.7 Gedankenexperiment: Positive Auswirkungen nach Veränderung

Diese Methode ist das positive Pendant zum soeben beschriebenen Gedankenexperiment. Sie besteht darin, den Klienten dazu einzuladen, sich vorzustellen, wie das Leben wäre, wenn er sein Verhalten verändern würde, oder wenn das aktuelle Problemverhalten keine Rolle mehr spielen würde.

Je ausführlicher und sinnlicher sich der Klient in seiner Fantasie in den positiven Idealzustand hineindenkt, desto wirksamer wird diese Methode für ihn sein. Deshalb sollte man auch hier die Abfrage körperlicher Empfindungen nutzen und ein tiefes Spüren der Leichtigkeit und Freude ermöglichen.

Einleitende Sätze für diese Übung

- Wie würde Ihr Leben aussehen, wenn Sie 10 Kilo leichter wären?
- Lassen Sie uns mal gemeinsam in die Zukunft reisen. Stellen Sie sich vor, Sie würden nicht mehr trinken. Was wäre dann anders? Wie würde Ihr Tag aussehen?

- Wenn Sie einen Wunsch frei hätten: Wie sollte Ihr Leben dann in 5 Jahren aussehen?
- Mal angenommen, du würdest das versuchen. Was könnte das für dich für einen Vorteil haben?
- Was würde passieren, wenn sich über Nacht alles verändert, und du wärst auf einmal nicht mehr dick?
- Wie würde es sich anfühlen, morgens frisch und energiegeladen aufzuwachen (an Stelle von verkatert)? ◀

Eine besondere Form dieser Methode ist die sogenannte „Wunderfrage" aus der systemischen Gesprächsführung. Sie besteht darin, ein „Wunder" zu formulieren und den Klienten dazu anzuleiten, die Folgen und Auswirkungen dieses Wunders zu explorieren.

Die Wunderfrage
„Stell dir vor: Während du heute Nacht schläfst und es ganz still und ruhig ist, kommt eine gute Fee und lässt ein Wunder geschehen. Das Wunder besteht darin, dass dein Problem mit XY gelöst ist."

- Wenn du morgens aufwachst: Woran wirst du als Erstes merken, dass ein Wunder geschehen ist?
- Woran werden andere merken, dass das Wunder geschehen ist?
- Was wird anders sein?
- Was wird sich anders anfühlen?
- Wie wirst du dich fühlen?
- Was wirst du am Morgen/ am Tag danach anders machen als jetzt?
- Was von all den Dingen, die sich nach dem Wunder verändern werden, gefällt dir am besten?
- Wenn du an das Wunder denkst, welche Bilder tauchen dann vor deinem inneren Auge auf?
- Welche Gefühle löst der Gedanke an das Wunder bei dir aus?
- …

Das Angenehme an dieser Methode ist, dass die Wunderfrage alle Probleme auf dem Weg zum „Happy End" komplett ausklammert, und sich nur auf den angenehmen Zielzustand konzentriert. Dadurch bleiben kritische innere Stimmen und Selbstzweifel zunächst außen vor. Motive, die dem Klienten vorher nicht bewusst waren, können dadurch ins Bewusstsein kommen (Lippert, 2021).

5.3.8 Verankern einer positiven Zukunftsvorstellung

Nach der Erkundung einer positiven Zukunftsvision ohne das aktuelle Problemverhalten ist es wichtig, diesen positiven Zustand im Unterbewusstsein zu verankern.

Dies kann beispielsweise durch eine verbale Anleitung im Rahmen einer Fantasiereise geschehen („Nimm dieses schöne Gefühl und verstecke es gedanklich an einem Ort, den du gut kennst und wo du es immer wieder finden kannst, wenn du es brauchst“ oder „Nimm dieses schöne Gefühl und verstecke es gedanklich in deiner Herzgegend. Immer wenn du nun mit der Hand deine Herzgegend berührst, kannst du dich an dieses schöne Gefühl erinnern …“)

Eine weitere Methode, die positive Zukunftsvorstellung zu verankern, kann es sein, den Klienten seine Bilder nach der Fantasiereise ausführlich beschreiben oder aufmalen zu lassen.

Das Verankern einer positiven Zukunftsvision ohne das aktuelle Problemverhalten wird dazu führen, dass die innere Motivation steigt und der Klient zukünftig mehr Change-Talk produzieren wird.

5.3.9 Systemischer Blickwinkel (zirkuläres Fragen)

Exkurs: Systemische Gesprächsführung
Systemische Gesprächsführung bedient sich eines speziellen Blickwinkels, der sich auf die Wechselwirkungen innerhalb sozialer Zusammenschlüsse (z. B. Familien, Teams, Organisationen) konzentriert, die innerhalb dieser Methode als „Systeme“ bezeichnet werden. Sie betrachtet keine individuellen Probleme, sondern fokussiert sich auf die Beziehungen und interpersonellen Zusammenhänge, in denen diese auftreten.

Im systemischen Denken werden Menschen als Teil eines größeren Zusammenhangs betrachtet, in dem alle Beteiligten miteinander verbunden sind und sich gegenseitig beeinflussen. Verändert man einen Teil des Systems, kann sich dies auf alle damit in Verbindung stehenden Elemente auswirken. Insofern kann die Lösung eines „Problemverhaltens“ manchmal darin liegen, nicht am „Problemträger“ anzusetzen, sondern andere Elemente des Systems in Bewegung zu bringen.

Eine der bekanntesten Fragetechniken aus der systemischen Gesprächsführung ist das sogenannte „zirkuläre Fragen“. Diese Gesprächstechnik ist auch im Rahmen von MI sehr hilfreich, da sie den Fokus erweitert und dabei hilft, das Problemverhalten aus unterschiedlichen Blickwinkeln zu betrachten.

Beim zirkulären Fragen geht es darum, einen Sachverhalt aus der (vermuteten) Sicht einer anderen Person zu betrachten, bzw. andere Personen in die eigene Betrachtung des Sachverhalts mit einzubeziehen.

Beispiele

Sichtweise anderer Personen auf das Problem:

- Wenn dein Chef das wüsste, was würde er dann wohl denken?
- Wenn deine Schulfreunde von früher dich jetzt so sehen würden, was würden sie dann wohl denken?
- Wenn Ihre Partnerin das Problem beschreiben müsste, was würde sie mir sagen?
- Was würde eine Heldin/ ein richtiger Held an deiner Stelle tun?
- Was würde [für den Klienten wichtige Person] in deinem Fall wohl tun?
- Was würde Ihr Arzt/ Dr. XY sagen, wenn er wüsste, dass Sie …?

Welchen Rat würden dir andere Personen geben?

- Wenn ich Benni fragen würde, was du tun solltest. Was würde er mir sagen?
- Was hätte Ihnen Ihre Mutter in dieser Situation geraten?
- Wenn Ihr bester Freund Ihnen einen guten Rat geben sollte- was würde er sagen?
- Was würde dir [für den Klienten fiktive Person] wohl raten?
- Was würde ein Passant auf der Straße wohl sagen oder denken, wenn er mitbekäme, wie du von deinem Partner geschubst wirst?
- Was würde Ihnen Ihr Arzt/ Dr.XY raten?

Was würdest du anderen Personen raten?

- Nehmen wir mal an, dein Freund Karl wäre alkoholabhängig. Was würdest du ihm raten?
- Wenn Sie einen Freund so sehen würden. Was würden Sie ihm sagen?
- Welchen Rat würden Sie jemandem geben, der sich nicht traut, zum Arzt zu gehen?
- Was könntest du jemandem sagen, der immer wieder viel zu viel Geld für Glücksspiel ausgibt?
- Was würdest du deiner besten Freundin sagen, wenn sie immer wieder von ihrem Partner verprügelt würde? ◀

5.4 Methoden zur Förderung von Confidence-Talk

Wie in Abschn. 4.5.1 beschrieben, stellt der Confidence-Talk eine Sonderform des Change-Talks dar, die besonders häufig gegen Ende der Erweckensphase und im Rahmen der Planungsphase auftreten sollte. Confidence-Talk bezeichnet alle Aussagen, die eine besonders starke, änderungsbezogene Zuversicht („Confidence" = Englisch für Zuversicht) beinhalten. Diese Zuversicht ist notwendig, damit sich eine intrinsische Motivation ausbil-

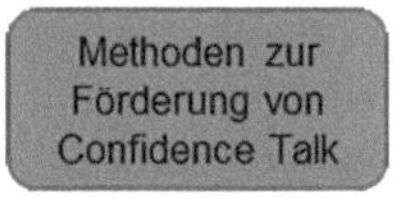

Abb. 5.12 Methoden zur Förderung von Confidence-Talk

den kann. Sollte der Klient von sich aus nicht ausreichend viele dieser zuversichtlichen Aussagen produzieren, so kann man auch hier ein paar gezielte Methoden anwenden, um solche Aussagen anzuregen (Abb. 5.12).

5.4.1 Zuversichtsfragen

Das Stellen von Zuversichtsfragen ist eine Technik aus der lösungs- und ressourcenfokussierten Gesprächsführung und zielt darauf ab, das Gefühl der Selbstwirksamkeit im Klienten zu fördern. Hierbei impliziert der Berater, dass im Klienten bereits eine Zuversicht vorliegt, und fragt gezielt danach. Dadurch wird der Fokus auf die positiven Möglichkeiten und Stärken des Klienten gelenkt, was ihm dazu verhilft, sich seine Fähigkeiten zur Problemlösung und zur Bewältigung schwieriger Situationen bewusst zu machen, und eine optimistische Einstellung in Bezug auf die anstehende Verhaltensänderung zu gewinnen. Der Fokus wird durch diese Art von Fragen weg vom Problem und hin zu einer möglichen Lösung gelenkt.

Zuversichtsfragen helfen dabei, negative Denkmuster zu durchbrechen und den Klienten dazu anzuregen, seine Situation aus einer positiveren Perspektive zu betrachten. Die Einsicht, dass er in der Lage dazu ist, schwierige Herausforderungen zu meistern, erzeugt im Klienten ein Gefühl der Selbstwirksamkeit. Durch das Betonen von Stärken, Fähigkeiten und vergangenen Erfolgen werden dem Klienten seine eigenen Ressourcen bewusst. Das alles fördert den Glauben des Klienten an eine positive Zukunft und weckt in ihm die Motivation, eine Verhaltensänderung umzusetzen.

Beispiele

- „Was macht dich zuversichtlich, dass sich an deinem Alkoholkonsum etwas ändern wird?“
- „Was macht dir Hoffnung, dass du eine Lösung für dein Gewichtsproblem finden wirst?“
- „Welche Fähigkeiten haben dir in der Vergangenheit geholfen, mit schwierigen Situationen umzugehen? Wie könntest du diese jetzt nutzen?“
- „Was läuft in Ihrem Leben jetzt bereits gut, trotz der Schwierigkeiten, die Sie gerade durchmachen?“ ◀

5.4.2 Frage nach Erfolgen auf anderen Gebieten

Hier bietet der Berater dem Klienten an, das „Problemthema" kurzfristig zu verlassen und nach anderen Dingen im Leben des Klienten zu suchen, bei denen es ihm gelungen ist, eine Veränderung herbeizuführen. Diese Methode basiert auf der Annahme, dass Klienten dazu in der Lage sind, positive Erfahrungen, Fähigkeiten und Erfolge aus anderen Lebensbereichen zu erkennen und auf das aktuelle Problemthema zu übertragen. Dem Klienten soll so bewusst werden, dass er in anderen Bereichen seines Lebens bereits dazu in der Lage war, schwierige Situationen zu meistern. Er wird erkennen, dass die Fähigkeiten, die ihm damals zum Erfolg verholfen haben, auch in der jetzigen Situation hilfreich sein können. Dadurch werden neue Ressourcen aktiviert und das Selbstvertrauen in Bezug auf den Glauben, die angestrebte Verhaltensänderung auch durchhalten zu können, steigt.

Beispiele

- „Wo in Ihrem Leben haben Sie schon mal eine schwierige Situation gemeistert?"
- „Was gab es in Ihrem Leben für Hindernisse, und wie haben Sie diese überwunden?"
- „Gab es in Ihrem Privatleben eine Situation, in der Sie ein schwieriges Problem gelöst haben? Wie sind Sie damals vorgegangen und was hat Ihnen zum Erfolg verholfen?"
- „Gibt es einen Bereich in deinem Leben, wo du einen Konflikt erfolgreich gelöst hast? Was hast du getan, damit es besser wurde?"
- „Gab es eine Situation, in der du mit Stress oder Angst gut umgegangen bist? Was hast du damals gemacht, das dir geholfen hat?"
- „Du hast erwähnt, dass du früher geraucht hast. Wie hast du es geschafft, aufzuhören und wie kann dir das vielleicht bei deinem Alkoholproblem helfen?" ◄

5.4.3 Frage nach Erfolgen in Bezug auf das Problemverhalten

Nach dem gleichen Prinzip wie im vorangegangenen Abschnitt kann man den Klienten auch nach erfolgreichen Versuchen in Bezug auf das aktuelle Problemverhalten befragen. Dabei geht man davon aus, dass das Problemverhalten sich nicht gleichbleibend schlecht zeigt, sondern dass es auch hier bessere und schlechtere Phasen gibt, wobei die Fragen gezielt auf die besseren Phasen abzielen. Bereits kleinste Verbesserungen, Teilerfolge oder Lösungsversuche können dabei als Anknüpfungspunkte dienen. Da diese kleinen Erfolge bislang meist übersehen oder abgewertet wurden, ist es das Ziel dieser Methode, diese kleinen Erfolge zu validieren und bewusst zu machen. So werden Fortschritte gezielt sichtbar gemacht, was die Selbstwirksamkeit stärkt und die Motivation zu weiterer Veränderung steigert. Der Klient soll erkennen, dass seine bisherigen Bemühungen in Bezug auf das Problemverhalten nicht nutzlos waren, sondern bereits erste kleine Schritte in Richtung positiver Verhaltensänderung darstellten. Durch die Validierung und positive Verstärkung der bisherigen Problemlösungsstrategien erhöht sich die Wahrscheinlichkeit, dass der Klient dieses Verhalten in Zukunft wiederholt und weiter ausbaut.

Beispiele

- „Was hat denn - wenn auch nur für eine kurze Zeit- gut geklappt?“
- „Wie haben Sie es denn geschafft, dass sich Ihr Alkoholkonsum nicht immer weiter verschlimmert hat?“
- „In welchen Situationen hast du dem Alkohol widerstehen können? Was hast du in diesen Momenten anders gemacht?“
- „Wann war das letzte Mal, dass du es geschafft hast, in einer stressigen Situation ruhig zu bleiben? Was hat dir dabei geholfen?“ ◀

5.4.4 Reframing

Was ist der Unterschied zwischen einem Pessimisten und einem Optimisten?
Der Pessimist sagt, sein Glas sei halb leer,
der Optimist sagt, sein Glas sei halb voll.

Dieses sehr bekannte Gedankenspiel beschreibt den Kern des Reframings auf sehr eindrückliche Weise. Reframing bedeutet wörtlich übersetzt „umdeuten“/„anders einrahmen“. Die Methode besteht darin, eine vom Klienten ursprünglich negativ besetzte Aussage aufzugreifen und positiv umzudeuten, indem man die Situation aus einem anderen Blickwinkel betrachtet (Peluso & Freund, 2023). Dadurch wird der Sachverhalt in einen neuen Bedeutungsrahmen gesetzt. Ziel ist es, dadurch den Blickwinkel auf die Situation zu verändern, sodass sie in einem positiveren Licht erscheint (Plate, 2021).

Beispiele

Klient: „Ich habe schon mehrmals versucht, mit dem Rauchen aufzuhören, und habe es einfach nie geschafft.“

Berater: „Sie sind jemand, der nicht aufgeben will und es deshalb immer wieder versucht.“

Hier greift der Berater einen positiven Aspekt aus der eigentlich negativ gemeinten Aussage des Klienten heraus und gibt diesen im Sinne eines aktiven Zuhörens zurück.

Klient: „Die Sucht nach Alkohol überkommt mich einfach. Ich kann nichts dagegen tun“

Berater: „Was sind das denn für Situationen, in denen Sie sich *dafür entscheiden*, zum Alkohol zu greifen?“

Hier hat der Berater den Klienten aus der passiven Opferrolle geholt, indem er ihm durch seine Wortwahl eine aktive Entscheidung zuschreibt.

Klient: „Ich habe bisher noch nie irgendwas auf die Reihe gekriegt“

Berater: „Das heißt, Sie haben jetzt die einmalige Chance, eine neue Erfahrung zu machen.“

Hier sorgt der Berater dafür, dass der Klient einen neuen Blickwinkel auf seine eingefahrene Sichtweise einnehmen kann. ◀

Durch Reframing werden Klienten oft in die Lage versetzt, Ressourcen und Lösungen zu erkennen, die vorher durch eine negative Sichtweise blockiert waren. Dadurch können festgefahrene Denkweisen durch neue Perspektiven ersetzt werden, die persönliches Wachstum und Problemlösung ermöglichen (Watzlawick et al., 1974).

5.4.5 Zuversichtsrating

Ähnlich wie beim Wichtigkeitsrating aus Abschn. 5.3.2 lädt der Berater den Klienten dazu ein, seine Zuversicht im Hinblick auf eine mögliche Veränderung des Problemverhaltens zu visualisieren. Dies kann er entweder mit Hilfe einer numerischen Skala (möglichst höchstens von 1–5), oder visuell anhand von Farbverläufen, Piktogrammen oder Ähnlichem darstellen.

Dadurch soll dem Klienten die subjektive Einschätzung der eigenen Fähigkeit zur Bewältigung der anstehenden Herausforderung sichtbar gemacht werden. Der Klient wird angeregt, über seine eigenen Fähigkeiten nachzudenken, wobei die Skala eine konkrete Grundlage für den Austausch bietet. Auf diese Weise können Fortschritte bewusst gemacht, konkrete weitere Schritte geplant, oder Hindernisse identifiziert werden. Die innere Haltung des Klienten wird konkretisiert und in Bezug auf seine wahrgenommene Selbstwirksamkeit hin abgefragt. Durch regelmäßige Wiederholung des Zuversichts-Ratings kann der Klient nachvollziehen, wie sich sein Vertrauen in den Veränderungsprozess über die Zeit hinweg entwickelt. Dies kann motivierend wirken und kleine Fortschritte sichtbar machen. Die visuelle Darstellung erhöht für den Klienten die Klarheit des Prozesses und gibt ihm Struktur.

Beispiel

„Du denkst darüber nach, in eine eigene Wohnung zu ziehen. Welches Gefühl hast du dazu momentan?“ (Abb. 5.13)

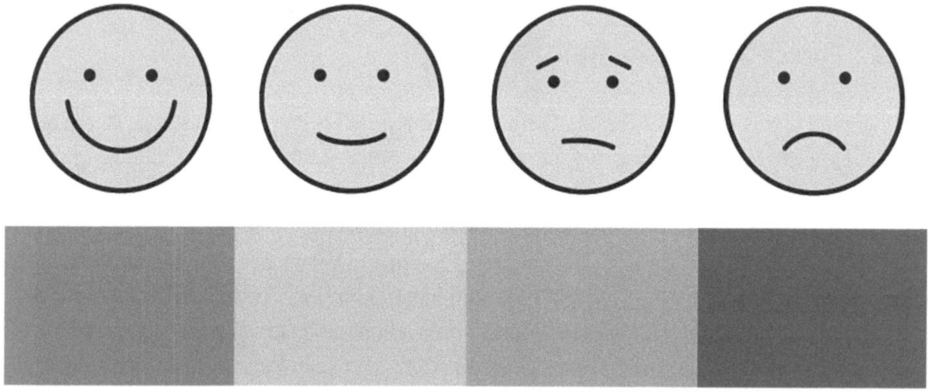

Abb. 5.13 Zuversichtsskala (© Metacom)

◀

5.4.6 Forschen nach Ressourcen

Um Zuversicht zu generieren, kann es helfen, nach Personen, Fähigkeiten oder Dingen zu fragen, die dem Klienten bei seiner Veränderung helfen würden.

Beispiele

- „Wer könnte Sie auf dem Weg zur Abstinenz unterstützen?"
- „Was würde dir helfen, nicht mehr so viel zu essen?"
- „Was könntest du ersatzweise tun, um dich von dem Gedanken an eine Zigarette abzulenken?" ◀

Hilfreich kann es auch sein, nach Personen, Fähigkeiten oder Dingen zu fragen, die sich für den Klienten in schwierigen Situationen der Vergangenheit bereits als hilfreich erwiesen haben.

Beispiele

- „Was hat dir damals geholfen, besser mit der Situation umzugehen?"
- „Wer hat dich in dieser Zeit unterstützt?"
- „Was hast du gemacht, um dich abzulenken?"
- „Womit konntest du dich wieder beruhigen?"
- „Gab es Dinge, die du nutzen konntest, um wieder ein besseres Gefühl zu bekommen?" ◀

Da der Begriff der „Ressourcen" für Menschen mit Intelligenzminderung oft zu komplex ist, kann man die Ressourcen auch als „Schätze" oder „Werkzeuge" bezeichnen und sie zur besseren bildhaften Vorstellung in einer „Schatzkiste" oder „Werkzeugkiste" sammeln (Abb. 5.14).

5.4.7 Forschen nach Stärken

Dies ist eine sehr wirksame Übung, die man auf jeden Fall mit einbauen sollte, da sie nicht nur Zuversicht generiert, sondern generell auch das Selbstvertrauen stärkt. Die Frage nach den eigenen Stärken ist für viele Klienten (insbesondere für die mit Intelligenzminderung) oft schwer zu beantworten. Menschen mit Intelligenzminderung werden ihr ganzes Leben lang überwiegend aktiv und passiv auf ihre Defizite hingewiesen, sodass es vielen gar nicht in den Sinn kommt, dass sie auch Stärken haben könnten. Deshalb ist es dem Berater hier auch erlaubt, eigene Beobachtungen mit einfließen zu lassen, um die „Liste der Stärken" aufzupolstern. Zehn bis zwanzig Stärken sollten für jede Person zu finden sein.

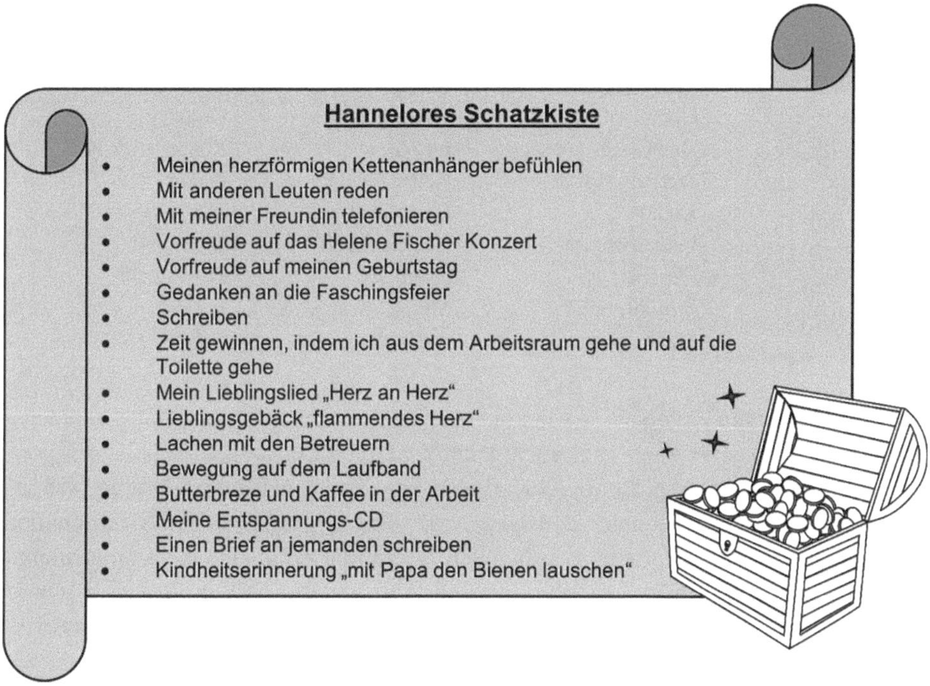

Abb. 5.14 Ressourcenliste

Beispiele

- „Mir ist aufgefallen, dass du zu jeder Stunde erschienen bist. Könnte man also sagen, dass du jemand bist, dem Zuverlässigkeit wichtig ist?“
- „Du nimmst dir viel Zeit und denkst gut nach, bevor du hier in der Beratung etwas sagst. Für mich ist das ein Zeichen dafür, dass du gewissenhaft bist und die Dinge richtig machen willst. Was sagst du dazu?“
- „Sie äußern viele Schuldgefühle, weil sich andere so viele Sorgen um Sie machen. Das bedeutet, andere sind Ihnen nicht egal. Sie sind ein rücksichtsvoller Mensch.“ ◀

Die gesammelten Stärken müssen zunächst mal nicht zwangsläufig etwas mit dem Problemverhalten zu tun haben. Wichtig ist dabei nur, dass der Klient ein Gefühl dafür bekommt, dass er stark ist und nicht ohne Waffen in den Kampf gegen die alten Gewohnheiten eintritt. Dies wird seine Zuversicht ohne Zweifel erhöhen. In der Beratung kann man die Stärken schriftlich in einer Stärkenliste niederlegen und dem Klienten in regelmäßigen Abständen vortragen. Es ist schön zu sehen, was für einen positiven Effekt das auf die Klienten hat.

Tab. 5.1 Auswahlliste möglicher Stärken

Cool	Neugierig	Clever	Schlau
Fleißig	Rücksichtsvoll	Ruhig	Selbstständig
Geduldig	Gefühlvoll	Geheimnisvoll	Großzügig
Herzlich	Humorvoll	Lustig	Kontaktfreudig
Hilfsbereit	Tierlieb	Nett	Tapfer
Kontaktfreudig	Kreativ	Hartnäckig	Zäh
Liebevoll	Leidenschaftlich	Nachdenklich	Ordentlich
Musikalisch	Flexibel	Fröhlich	Fürsorglich
Romantisch	Einfühlsam	Mutig	Ehrlich
Sportlich	Stark	Zuverlässig	Schön

Um nach Stärken zu forschen, kann man die erlebten Eindrücke aus den Gesprächssitzungen nutzen, man kann aber auch nach bisherigen Leistungen (schulisch, sportlich, im Arbeitskontext, im Hobby, o.ä.) fragen. Man kann auch danach fragen, was andere Menschen an einem loben. Ebenso kann man eine Liste an positiven Eigenschaften vorlesen und den Klienten einige auswählen lassen, die er an sich selbst wahrnimmt (Tab. 5.1).

Beim Formulieren der Stärkenliste sollte darauf geachtet werden, die Worte des Klienten zu verwenden, und die geäußerten Stärken nicht nach eigenen Maßstäben zu bewerten oder daraufhin zu überprüfen, ob sie auch wirklich stimmen. Wichtig ist, dass sie vom Klienten subjektiv als Stärke empfunden werden und ihm ein Gefühl der Kompetenz und Selbstwirksamkeit vermitteln.

Die folgende Stärkenliste stammt aus einem echten Beratungsprozess und ist über mehrere Sitzungen hinweg im Hintergrund mitgewachsen. Die Klientin war anfangs sehr ängstlich und unsicher, und sich ihrer Stärken nicht bewusst. Zu Anfang konnte sie kaum fünf Stärken oder positive Eigenschaften über sich selbst nennen. Immer wenn dann im Verlauf der Gespräche etwas aufkam, das man als Stärke deuten konnte, wurde es auf die Liste gesetzt. Die Liste wurde der Klientin regelmäßig vorgetragen, wobei sie ein Gefühl von Freude und Stolz empfand. Im Laufe der Zeit verinnerlichte sie ihre Liste und konnte ihre Stärken selbst vortragen. Die Arbeit an der Stärkenliste begann ihr Spaß zu machen und sich in ihren Alltag zu übertragen, sodass sie teilweise zu Beginn der nächsten Sitzung damit einstieg, dass ihr eine neue Stärke für die Liste eingefallen sei, die sie gerne mit aufführen würde (Abb. 5.15).

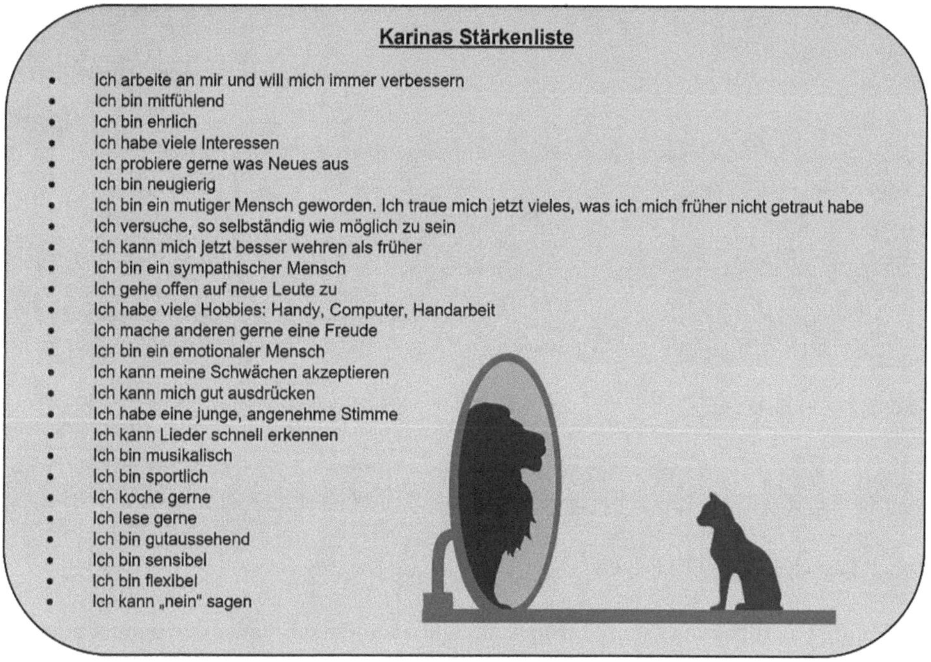

Abb. 5.15 Karinas Stärkenliste

5.5 Erfragen – Präsentieren – Erfragen (EPE)

Bei der EPE-Methode (Englisch: „Elicit - Provide – Elicit" – deutsch: „Erfragen – Präsentieren- Erfragen") handelt es sich um eine Technik, die vorwiegend in der Prozessphase der **Planung** eingesetzt wird. Es ist eine Methode, die dabei helfen soll, Informationen in einer gut verständlichen Form darzubieten (Abb. 5.16).

Nachdem die Schlüsselfrage geäußert und vom Klienten positiv beantwortet wurde, sollen sich in der Planungsphase das konkrete Änderungsziel und der Weg dorthin herauskristallisieren (s. Abschn. 4.5).

Im Unterschied zu allen anderen Phasen ist es dem Berater in dieser Phase erstmals *ausdrücklich erlaubt*, seine eigene Expertise einzubringen. An diesem Punkt braucht der Klient Wissen, Information und Input von außen. Er braucht fachliche Informationen über sein Problemverhalten und dessen Folgen, vor allem aber auch über Wege und Möglichkeiten, dieses Verhalten zu verändern. Dabei kann es um medizinische Informationen gehen, um Informationen zu wichtigen Anlaufstellen, um Informationen darüber, wie eine Psychotherapie abläuft, um Informationen darüber, wie ein Aufenthalt in einer Entzugsklinik abläuft, um Informationen darüber, wie man eine Reha beantragt, uvm.

Diese Phase birgt die erhöhte Gefahr, dass das Gespräch nicht mehr auf Augenhöhe geführt wird, da der Berater über das gesamte „Expertenwissen" verfügt, das er gerne anbringen möchte.

Abb. 5.16 Erfragen - Präsentieren – Erfragen

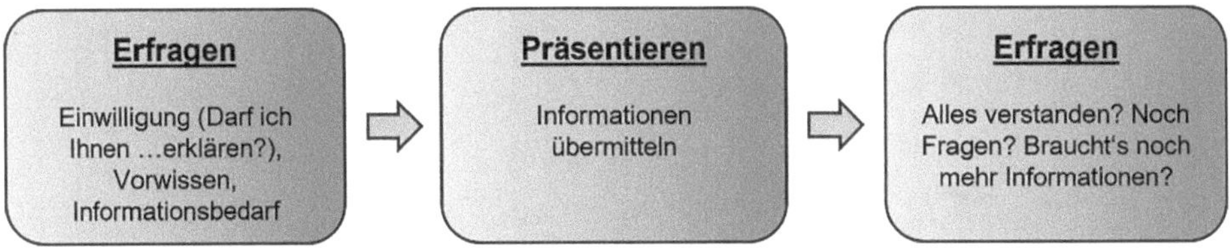

Abb. 5.17 EPE-Ablauf

Abb. 5.18 Schaubild EPE- Prozess

Um die Grundhaltung von MI trotzdem nicht zu verlassen, muss der Berater auch in dieser Phase gewisse Regeln befolgen, um sicherzustellen, dass er den Klienten nicht mit Ratschlägen und Informationen überschwemmt und überfordert. Als Berater hat man oft kein Gespür dafür, wie viele Informationen jemand braucht, was er schon weiß, wie viel er momentan aufnehmen kann, und ab wann er übersättigt ist. Grundsätzlich neigt man dazu, Informationen sehr schnell und in zu hoher Menge zu geben. Außerdem ist ein Informationsgespräch meist sehr einseitig - einer redet, einer hört zu.

Genau das wird durch die EPE-Technik von Miller und Rollnick (2015) vermieden. Diese Technik stellt sicher, dass die Informationsweitergabe zum wechselseitigen Prozess wird. Der Klient wird dabei konstant mit einbezogen, indem er vor jedem neuen Informationsbaustein aktiv gefragt wird, welche Information er noch braucht, bzw. ob er Interesse an der konkreten Information XY hat. Erst wenn der Klient hierum bittet bzw. sein Einverständnis erteilt, wird die Information präsentiert. Die Information wird also sandwichartig zwischen zwei Fragen verpackt und in kleinen, leicht verdaulichen Happen übermittelt. Dadurch wird das Gespräch entschleunigt und die Informationen kommen tatsächlich an. Der Klient wird nicht überfordert, sondern bleibt stets Herr der Lage. Nach Übermittlung eines Informationsbausteins wird der Klient kurz um ein Feedback gegeben, ob die Information ausreicht, oder ob er noch mehr benötigt (Abb. 5.17).

Das sind die drei Bausteine, aus denen ein EPE-Zyklus besteht. Das gesamte Gespräch wiederum besteht aus vielen dieser Zyklen, die in Reihenfolge hintereinandergeschaltet werden (Abb. 5.18).

Je mehr Informationen weitergegeben werden müssen, desto häufiger vollzieht sich diese Schleife.

Beim ersten Erfragen empfiehlt es sich, bereits eventuelles Vorwissen abzufragen, um den Klienten in der Folge nicht mit Informationen zu langweilen, die er bereits besitzt.

Die Präsentation (P) der Information sollte kein längerer Monolog sein, sondern in kleinen Häppchen erfolgen. Außerdem sollte der Berater darauf achten, die Information auf neutrale und wertfreie Weise vorzutragen.

Beim Nachfragen (Erfragen) empfehlen sich offene Fragen.

Beispiele

- Wie kommt das bei Ihnen an?
- Was denken Sie darüber?
- Was machst du jetzt mit dieser Info?
- Wie könnte die Umsetzung bei dir aussehen?
- Auch nonverbale Rückmeldungen können und sollen aufgegriffen werden („Sie wirken erstaunt." „Sie wirken erschrocken". etc.). ◀

Bei der inhaltlichen Präsentation der Information kommt es darauf an, dass sie verständlich präsentiert wird. Schulz von Thun (2013, S. 140 ff.) führt vier Aspekte an, die die Verständlichkeit deutlich erhöhen:

- Einfachheit
- Gliederung
- Prägnanz
- Anregung

Man sollte also in kurzen, klaren Sätzen sprechen und keine Fachbegriffe oder Fremdwörter verwenden. Ebenso sollte man immer wieder Möglichkeit zum Nachfragen geben. Die Informationen sollten so gegliedert sein, dass sie logisch aufeinander aufbauen, und vom leichten zum schweren gesteigert werden. Außerdem sollten die Informationsbausteine kurz und prägnant formuliert sein und sich nicht wiederholen. Beispiele helfen dabei, die Informationen plastischer zu gestalten.

5.6 Methoden zur Umsetzung der geplanten Verhaltensänderung

Diese Methoden beziehen sich auf die letzte Phase im MI-Prozess, die Planungsphase. In dieser Phase steht das Änderungsziel bereits fest, und der Klient hat durch EPE alle Informationen erlangt, die er für die Umsetzung des Änderungszieles braucht.

Nun ist es wichtig, die geplante Veränderung so gut wie möglich abzustecken und die dazu erforderlichen Schritte genau zu definieren. Dazu kann der Berater einige wesentliche Fragen mit dem Klienten durchgehen (wobei nur die Fragen ausgewählt werden, die zum Veränderungsziel des Klienten passen) (Tab. 5.2):

In einem zweiten Schritt kann es hilfreich sein, sich Gedanken über mögliche Schwierigkeiten und Hindernisse zu machen. Dadurch wird der Klient beim Auftreten möglicher Probleme nicht davon überrascht und weiß im besten Fall sofort, wie er sich verhalten kann. Folgende Fragen können hilfreich sein (Tab. 5.3):

Tab. 5.2 Planung und Vorbereitung (Erretkamps et al., 2017, S. 77)

Was werde ich genau tun?
In welchen Situationen werde ich das tun?
Wann mache ich das?
Wo mache ich das?
Wie oft und wie lange mache ich das?
Mit wem/ wer ist dabei?
Muss ich etwas vorbereiten? Was muss ich vorbereiten?
Welche Probleme könnten entstehen? Was mache ich dann?
Etc …

Tab. 5.3 Mögliche Schwierigkeiten und Hindernisse

Was könnte schief gehen? Was kann ich dann machen?
Welche Hindernisse gibt es?
Wer wird mit meiner Entscheidung nicht einverstanden sein?
Wer könnte mich bei der Veränderung stören?
Fehlen mir noch Informationen?
Fehlen mir noch Dinge? Geld? Zeit? …
Etc …

Tab. 5.4 Aufbau eines Unterstützernetzes (Erretkamps et al., 2017, S. 79)

Wer kann mir beim Planen helfen?
Wer kann mich motivieren?
Wer kann mich erinnern?
Wer kann mich dabei unterstützen? Wie kann er mich unterstützen?
Soll jemand mitgehen oder mitmachen?
Wer kann mir Informationen geben?
Wer kann mir zeigen, wie das geht?
Wer kann mir Dinge besorgen, die ich dafür brauche?
Wer kann mir bei Problemen helfen?
Wer kann mir sagen, ob ich das gut gemacht habe?
Etc …

In einem letzten Schritt gilt es zu überlegen, ob und wie man sich ein Unterstützernetz aufbauen könnte, welches einen bei der Umsetzung der geplanten Veränderungsschritte begleiten kann und ggf. auch zur Rückfallprophylaxe beitragen kann. Folgende Fragen können dabei Anhaltspunkte liefern (Tab. 5.4):

5.7 Zusammenfassung der Methoden

Das Schaubild ist damit komplett und kann dem Anwender dabei helfen, sich im Gewirr der einzelnen Phasen und Methoden stets orientieren zu können (Abb. 5.19):

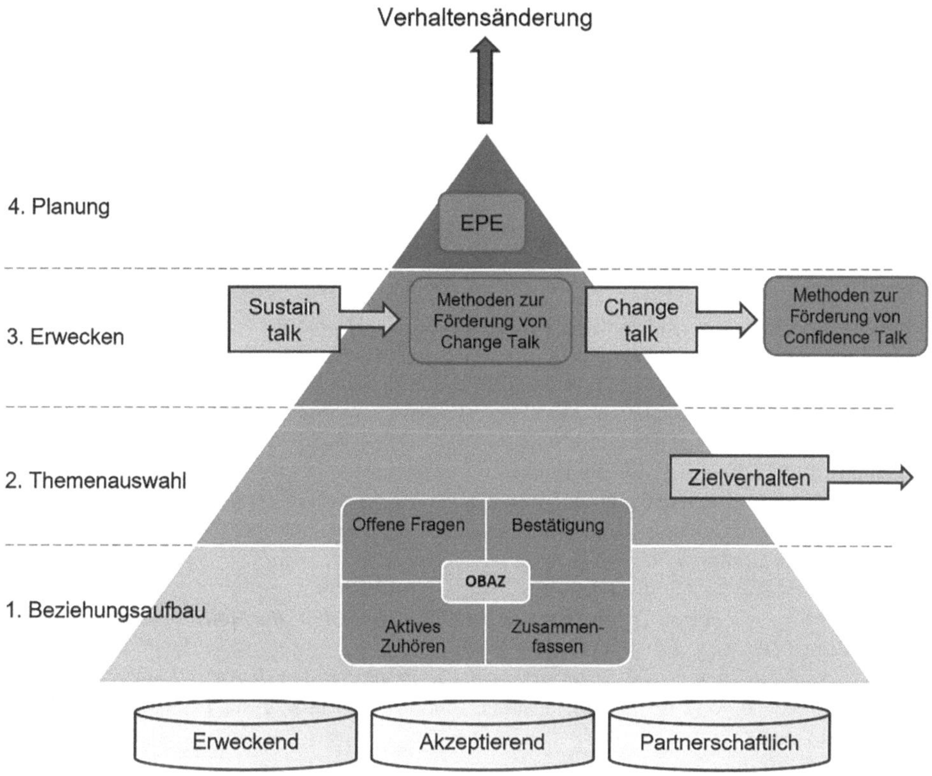

Abb. 5.19 Schaubild Prozessphasen mit Methoden

5.8 Methodeneinsatz in der idealen Balance

Wie eingangs beschrieben hat sich MI aus der Beobachtung von Beratungsgesprächen entwickelt. Miller und Rollnick haben sich viele Beratungsgespräche (auf Video oder als Transkripte) angesehen und daraus anhand der Erfolge in der Therapie auf die Wirkfaktoren geschlossen. Gleiches hat Miller 2000 mit den Methoden von MI gemacht und daraus einen "MI-Skill-Code" entwickelt (MISC) (s. Abschn. 8.3). Da es sich bei dem hier vorliegenden Buch um Einsteigerliteratur handelt, wird nicht allzu tief auf dieses Thema eingegangen. Relevant ist lediglich die Information, dass man anhand von Parametern wie Gesprächsanteil und Methodeneinsatz mehr oder weniger gut vorhersagen kann, wie erfolgreich der gesamte Prozess für den Klienten verlaufen wird.

Folgende Erkenntnisse aus dem MISC sind interessant und wichtig (Miller et al., 2003):

- Die Redezeit des Beraters sollte idealerweise weniger als 50 % betragen. Im Gegenzug bedeutet dies, dass der Klient mehr als die Hälfte der Redezeit haben sollte.
- Der Anteil aller MI-konsistenten Methoden sollte über 90 % betragen (MI konsistente Methoden sind die hier vorgestellten Methoden, wenn sie mit der MI-konformen Grundhaltung eingesetzt werden).

- Von allen Fragen, die insgesamt eingesetzt werden, sollten im Idealfall mehr als 70 % offene Fragen sein (siehe Abschn. 5.2.1).
- Innerhalb von 10 min sollte der Berater idealerweise mindestens 15-mal die Methode des aktiven Zuhörens anwenden (siehe Abschn. 5.2.3).
- Aktives Zuhören sollte zu Fragen im Verhältnis 2:1 stehen.

Literatur

Erretkamps, A., Kufner, K., Schmid, S., & Bengel, J. (2017). *Depression bei Menschen mit geistiger Behinderung*. Beltz.

Frielink, N., & Embregts, P. J. (2013). Modification of motivational interviewing for use with people with mild intellectual disability and challenging behavior. *Journal of Intellectual & Developmental Disability, 38*(4), 279–291. https://doi.org/10.3109/13668250.2013.809707

Gendlin, E. (1982). *Focusing*. Bantam Books.

Grawe, K. (2004). *Neuropsychotherapie*. Hogrefe.

Lippert, A. (2021). *Motivation stärken in Therapie und Beratung*. Springer.

Marlatt, G. A., & Gordon, J. R. (1985). *Relapse prevention. Maintenance strategies in the treatment of addictive behavior*. Guilford Press.

Miller, W., Moyers, T., Ernst, D., & Amrhein, P. (2003). *Manual for the Motivational Interviewing Skill Code (MISC)*.

Miller, W. R., & Rollnick, S. (2015). *Motivierende Gesprächsführung* (3. Aufl.). Lambertus.

Peluso, P., & Freund, R. (2023). Paradoxical interventions: A meta-analysis. *Psychotherapy., 60*(3), 283–294.

Plate, M. (2021). *Grundlagen der Kommunikation- Gespräche effektiv gestalten*. Utb.

Röhner, J., & Schütz, A. (2020). *Psychologie der Kommunikation*. Springer.

Schulz von Thun, F. (2013). *Miteinander Reden 1*. Rowohlt.

Watzlawick, P., Weakland, J., & Fisch, R. (1974). *Change: Principles of problem formulation and problem resolution*. W.W. Norton.

6 Widerstand

Zusammenfassung

Widerstand ist ein natürlicher und unvermeidbarer Teil des Beratungsprozesses, insbesondere bei der Bearbeitung von sensiblen Themen, die oft mit Schuld und Scham behaftet sind. Statt Widerstand als negativ zu betrachten, wird er im MI als wertvolles Signal dafür gesehen, dass der Klient den Prozess als zu schnell, überfordernd oder bevormundend erlebt. Widerstand entsteht beispielsweise, wenn der Klient das Gefühl hat, dass seine Entscheidungsfreiheit eingeschränkt wird. Widerstand ist daher in der Denkweise des MI immer berater-induziert und sollte dem Berater Anlass geben, sein Vorgehen anzupassen. Das Kapitel stellt verschiedene Methoden vor, um Widerstand zu erkennen und abzubauen. Dazu zählen u. a. aktives Zuhören, Spiegeln, paradoxe Interventionen, Umdeutungen (Reframing) und die Betonung der Wahlfreiheit des Klienten. Es wird betont, dass Berater eine Haltung einnehmen sollten, die Widerstand akzeptiert, ihn erforscht und ihn als Teil des Beratungsprozesses begreift. Die Arbeit mit Widerstand erfordert Flexibilität, Geduld und die Bereitschaft, den Klienten auf Augenhöhe zu begegnen. Ziel ist es, den Widerstand zu nutzen, um die Motivation zur Verhaltensänderung langfristig weiter zu stärken.

6.1 Allgemeines zum Thema Widerstand

Im Unterschied zu anderen Gesprächstechniken sind drei Merkmale ganz besonders kennzeichnend für die motivierende Gesprächsführung. Dies ist zum ersten die Grundhaltung (s. Abschn. 2.4), zum zweiten die erweckende Gesprächsphase (s. Abschn. 4.4) und zum dritten der Umgang mit Widerstand.

B. Metzger, *Motivierende Gesprächsführung bei Menschen mit Intelligenzminderung*, https://doi.org/10.1007/978-3-662-70837-8_6

Die Themen, die im Rahmen eines MI-Prozesses bearbeitet werden, sind kritische, empfindliche Themen für den Klienten. Es sind Themen, die für den Klienten womöglich mit Schuld und Scham besetzt sind und die für den Klienten schon allein dadurch negativ behaftet sind, dass er aufgrund dieses Problemthemas schon häufig kritisiert oder gar bestraft wurde.

Angesichts dessen ist es nicht verwunderlich ja man kann sogar mit hoher Wahrscheinlichkeit damit rechnen dass sich irgendwann im Laufe des Prozesses im Klienten ein Gefühl des Widerstandes regen wird. Häufig ist dies nicht nur einmal, sondern an mehreren Stellen der Fall.

Der Widerstand eines Klienten kann sich gegen den Prozess als solchen, aber auch direkt gegen den Berater richten. Der Berater spürt dies sehr schnell (woran man Widerstand erkennen kann, wird im nächsten Kapitel noch genauer erörtert) und kann sich dadurch vor den Kopf gestoßen, irritiert manchmal gar verletzt fühlen. Es ist deshalb von hoher Wichtigkeit, vorbereitet zu sein, eine innere Haltung dazu zu entwickeln, und gezielte Methoden zu kennen, mit deren Hilfe es gelingen wird, den Widerstand aufzulösen.

Doch soll Widerstand in diesem Kapitel ausdrücklich nicht als etwas Negatives dargestellt werden, denn de facto ist Widerstand ein sehr hilfreiches Signal dafür, dass der Klient in irgendeiner Form abgehängt wurde und sich nicht mehr im gemeinsamen Prozess befindet (Lubienetzki & Schüler-Lubienetzki, 2020). Dies zu erkennen birgt die Chance, regulierend einzugreifen, und den Klienten dabei zu begleiten, seinen inneren Widerstand zu erkunden und zu überwinden, was insgesamt zu einer Stärkung der Veränderungsmotivation führen wird.

Das Ziel von MI ist es, nach ausführlicher Erkundung der inneren Ambivalenz eines Klienten, in ihm die intrinsische Motivation auszulösen, sich von einem problematischen Verhalten zu verabschieden. Wie bereits ausführlich dargestellt wurde, kann dies nur dann gelingen, wenn der Klient das Gefühl hat, sich völlig frei und ohne Druck von außen zu dem Schritt einer Verhaltensänderung entscheiden zu können.

Widerstand regt sich im Klienten immer dann, wenn er diese Freiheit nicht (mehr) wahrnimmt. Meist tritt er dann auf, wenn der Berater eine Entscheidung durchzusetzen versucht, die (noch) nicht die Bedürfnisse des Klienten widerspiegelt. Er kann aber auch entstehen, wenn der Berater ein zu hohes Tempo wählt und auf Prozessschritte zusteuert, für die der Klient noch nicht bereit ist. Nicht zuletzt regt sich Widerstand außerdem mit hoher Wahrscheinlichkeit immer dann, wenn der Berater die Grundhaltung des MI verlässt und nicht mehr empathisch, akzeptierend und auf Augenhöhe agiert.

Widerstand ist somit in der Denkweise von MI fast immer durch den Berater induziert und sollte von diesem als ein deutliches Signal verstanden werden, einen Schritt zurückzutreten, um dem Klienten wieder mehr Raum zur freien Entscheidung zu geben (Sequani, 2008). Da der Widerstand demzufolge also nicht vom Klienten alleine ausgeht, sondern das Ergebnis einer gestörten Beziehung zwischen Klienten und Berater ist, bevorzugen Miller und Rollnick (2015) in späteren Auflagen ihres Standardwerks zum MI den Begriff „Dissonanz".

Merke Widerstand ist gemäß der MI-Philosophie fast immer Ausdruck einer gestörten Beziehung zwischen Klienten und Berater und wird deshalb von Miller und Rollnick (2015) als „Dissonanz" bezeichnet.

Mancher Berater reagiert auf (wiederholten) Widerstand des Klienten genervt, frustriert, ungeduldig und verständnislos. Schließlich „will man nur das Beste für den Klienten, und dieser tut nichts anderes, als den Prozess immer wieder auszubremsen". Wiederum andere Beratertypen könnten verunsichert, verletzt oder hilflos reagieren, wenn sie feststellen, dass der Klient sich gegen den Prozess richtet. Außerdem beeinflusst der Widerstand des Klienten die Beziehung zwischen Berater und Klient in spürbarer Weise, was für so manchen Berater schwer auszuhalten sein kann. Wichtig ist es deshalb, sich als Berater eine innere Haltung zuzulegen, die keine Angst vor Widerstand zeigt, sondern ihn mit offenen Armen willkommen heißt.

Wenn Widerstand auftritt, macht es keinen Sinn, diesen zu ignorieren und mit aller Gewalt zu versuchen, im MI-Prozess weiter voranzuschreiten. Widerstand muss immer zunächst aufgelöst und geklärt werden. Mit einem widerständigen Klienten weiter zu arbeiten wird niemals zu dem Ziel führen, in ihm eine intrinsische Motivation zur Verhaltensänderung zu erwecken. Viel eher steigt die Wahrscheinlichkeit, dass sich der Klient im Reflex der Reaktanz verfängt (s. Abschn. 2.3), und dass sich sein Problemverhalten umso mehr verfestigt.

Merke Widerstand darf nicht ignoriert werden. Bevor man im MI-Prozess voranschreiten kann, muss der Widerstand aufgelöst werden.

Hycner (1989) spricht sogar von der „Weisheit des Widerstands" und will damit sagen, dass Widerstand eine gesunde Form des Selbstschutzes des Klienten darstellt. Indem er in den Widerstand geht, schützt sich der Klient nämlich vor Bevormundung, Überforderung und Einengung.

Man kann dem Auftreten von Widerstand vorbeugen, indem man sich die Grundhaltung des MI zu eigen macht und auf Überzeugungsversuche und Debatten jeder Art verzichtet. Auch ist es wichtig, sich an das Tempo des Klienten anzupassen und diesen nicht zu überfordern. Gerade bei Menschen mit Intelligenzminderung kann dies bedeuten, dass man besonders behutsam und in kleinsten Schritten vorgehen muss.

Doch auch die beste Prophylaxe kann nicht garantieren, dass kein Widerstand auftritt. Im Folgenden wird gezeigt, woran man Widerstand insbesondere bei Klienten mit Intelligenzminderung erkennen kann, und wie es gelingt, ihn abzubauen.

6.2 Widerstand erkennen

Widerstand kann im Grunde leicht erkannt werden. Als Berater spürt man förmlich, ob man mit dem Klienten noch synchron läuft oder ob es irgendwo hakt. Eine verschlossene Körpersprache (verschränkte Arme und Beine), eine verschlossene oder abwehrende Mimik, und nicht zuletzt widerständige Äußerungen sind klare Hinweise darauf, dass der Klient mit dem Prozess unzufrieden ist. Der Klient tätigt dann womöglich Aussagen, die den Prozess oder den Berater direkt angreifen. Es kann aber auch zu Formen passiven Widerstands kommen beispielsweise indem der Klient sich auf einmal wortkarg und abwehrend verhält, oder indem er unpünktlich oder gar nicht mehr zu den Sitzungen erscheint (Lubienetzki & Schüler-Lubienetzki, 2020).

Weitere Anzeichen für Widerstand sind laut Miller und Rollnick (2015) verteidigende oder auffallend offensive Aussagen („Sie haben keine Ahnung", „Das sehen Sie falsch"), oder dass der Klient wiederholt unterbricht und damit zum Ausdruck bringt, dass er sich momentan vom Berater nicht verstanden fühlt.

Bei Menschen mit Intelligenzminderung kann es neben den offensichtlich wahrnehmbaren Signalen des Widerstands auch noch zu anderen, weniger eindeutig zu erkennenden Anzeichen dafür kommen, dass der Klient sich im Widerstand befindet und sich zu sehr unter Druck gesetzt fühlt.

Typische Anzeichen für einen Klienten im Widerstand sind beispielsweise:

- Ausdauerndes Schweigen/Totstellreflex
- „Streik" (insbesondere bei Menschen mit Down-Syndrom kann es zu regelrechten „Sitzstreiks" kommen)
- Verweigerung der Zusammenarbeit/Abbruch des Kontakts
- Übersprungshandlungen oder Übersprungsaussagen (z. B. Äußern von Auszugswünschen aus dem Wohnheim, Wunsch nach Unterstützung durch wichtige Bezugspersonen, in extremen Fällen suizidale Äußerungen)
- Auslagern des inneren Konflikts in die Außenwelt beispielsweise durch aggressives Verhalten oder Konflikte. Diese Konflikte können auch in einem ganz anderen Kontext auftreten beispielsweise in der Werkstatt oder auf der Wohngruppe
- verändertes Essverhalten, somatische Beschwerden, veränderte Schlafgewohnheiten
- Rückfälle in das gewohnte Problemverhalten (Reaktanz)
- Weinen, Schreien, Autoaggression
- ausweichende Antworten
- angepasstes Verhalten/Klient sagt nur noch das, was der Berater „hören will""

Insgesamt ist bei Menschen mit Intelligenzminderung neben dem Beratungskontext auch die gesamte Lebenswelt in die Beurteilung mit einzubeziehen. Ein regelmäßiger Austausch mit wichtigen Bezugspersonen (das Einverständnis des Klienten muss natürlich gegeben sein) ist hierfür sehr sinnvoll.

6.3 Methoden im Umgang mit Widerstand

Widerstand schützt den Klienten vor Überforderung und Einengung. Gleichzeitig verhindert er aber auch, dass der Klient sich weiterentwickelt. Aus diesem Grunde ist es wichtig, Methoden zu kennen, mit deren Hilfe man als Berater in die Lage kommt, Widerstände beim Klienten abzubauen, sodass man anschließend wieder in den MI-Prozess einsteigen kann, um dem grundsätzlichen Ziel einer positiven Verhaltensänderung wieder nachgehen zu können. Einige dieser Methoden werden im Folgenden vorgestellt.

6.3.1 Aktives Zuhören

Das aktive Zuhören wurde in Abschn. 5.2.3 bereits als eine der OBAZ-Methoden vorgestellt. Auch im Umgang mit Widerständen kann der Einsatz dieser Methode hilfreich sein. Aktives Zuhören hilft, den Widerstand zu entschärfen, indem es eine Atmosphäre von Akzeptanz, Vertrauen und Verständnis schafft, und dem Klienten dabei hilft, sich ernst genommen zu fühlen.

Eine vom Klienten getätigte widerständige Aussage kann durch aktives Zuhören validiert werden. Dadurch wird dem Klienten vermittelt, dass seine Emotionen berechtigt sind, und er den Raum bekommt, um sie auszudrücken.

Zudem wird eine Konfrontation vermieden, indem man den Widerstand nicht frontal bekämpft, sondern annimmt und mit dem Klienten gemeinsam erkundet, was dahintersteckt. Der Klient erlebt, dass auch im Zustand des Widerstands kein Druck auf ihn ausgeübt wird, und er alle Freiheiten hat, den Beratungsprozess nach seinen eigenen Wünschen und Vorstellungen zu gestalten.

Der Klient wird dadurch angeregt, die Situation und sich selbst besser zu verstehen und zu erkennen, dass sein Widerstand nicht gegen die Beratung oder den Berater gerichtet ist, sondern auf inneren Konflikten und Ängsten beruht.

Auf diese Weise wird die vertrauensvolle Beziehung zwischen Klienten und Berater behutsam wieder gestärkt. Der Widerstand baut sich wie von selbst ab und der Beratungsprozess kann wieder aufgenommen werden.

Beispiele

Klient:	„Ich werde weiterhin rauchen. Das lasse ich mir von niemandem verbieten."
Berater:	„Du willst selbst bestimmen und keiner soll sich da einmischen."
Oder:	
Klient:	„Ich hab keinen Bock mehr auf den Scheiß hier."
Berater:	„Es klingt so, als ob Sie gerade sehr genervt von dem Gespräch hier sind. Und das ist in Ordnung."
Oder:	
Klient:	„Schluss! Ich sage jetzt gar nichts mehr!"
Berater:	„Ich habe das Gefühl, dass das Thema große Wut bei Ihnen auslöst. Wollen wir gemeinsam herausfinden, was dahintersteckt?"

◄

6.3.2 Spiegeln

Diese Methode ermöglicht es, dem Klienten seine Aussagen, Gedanken und Gefühle auf behutsame Weise bewusst zu machen, ohne ihn zu direkt damit zu konfrontieren. Sie eignet sich insbesondere dann sehr gut, wenn der Klient nonverbale Formen des Widerstands zeigt.

Spiegeln bedeutet, die Worte, Emotionen, Körpersprache oder Verhaltensweisen des Klienten präzise zurückzugeben, damit dieser sich selbst besser versteht. Dabei bleibt der Berater neutral und wertfrei, das heißt, er spiegelt das Gehörte oder Beobachtete, ohne eine eigene Meinung oder Interpretation hinzuzufügen. Je nachdem, auf welche Ebene der Kommunikation er sich dabei bezieht, kann zwischen
mehreren Arten des Spiegelns unterschieden werden:

- Verbales Spiegeln: Wiederholung der Worte des Klienten
- Emotionales Spiegeln: Gefühle des Klienten benennen
- Nonverbales Spiegeln: Subtile Nachahmung der Körperhaltung, Mimik oder Gestik des Klienten oder verbale Beschreibung der Körperhaltung oder des Verhaltens des Klienten.

Durch das Spiegeln wird der Klient indirekt auf seine eigenen Gefühle oder sein eigenes Verhalten hingewiesen, ohne dass er dabei jedoch konfrontativ dazu aufgefordert wird, Stellung zu beziehen. Vielmehr kann er sein eigenes „Spiegelbild" auf sich wirken lassen und gewinnt so eine neue Perspektive auf sich selbst.

Beispiele

Klient:	Zieht sich in sich selbst zurück und spricht nicht mehr.
Berater:	„Du sitzt da und sagst nichts"/„Sie schweigen und schauen mich nicht mehr an"/„Wir haben beide seit 2 min nicht mehr gesprochen" etc.
Oder:	
Klient:	„Ich schmeiß hier alles hin. Dann bin ich eben fett und bleib es auch!" (lacht sarkastisch)
Berater:	„Sie lachen"/„Warum lachen Sie dabei?"/„Sie sagen etwas Ernstes und lachen dabei. Das wirkt auf mich verzweifelt. Stimmt das?"/„Dann bleib ich eben fett!" etc.

◀

6.3.3 Paradoxe Intervention

Die paradoxe Intervention ist eine kreative und oft überraschende Technik, die helfen kann, Widerstände und festgefahrene Verhaltensmuster zu durchbrechen. Dies geschieht dadurch, dass der Berater etwas sehr Unerwartetes tut: Er ermutigt den Klienten aktiv dazu, sein problematisches Verhalten beizubehalten oder sogar noch zu verstärken. Er rät also gewissermaßen das Gegenteil dessen, was der Klient erwarten würde.

Dies wirkt im ersten Moment widersprüchlich, kann jedoch sehr effektiv sein, da es eine Art irritierendes „Überraschungsmoment" erzeugt, das den Klienten aus seinem festgefahrenen Muster holen kann, wodurch dieser ins Reflektieren kommt (Peluso & Freund, 2023).

Dabei nutzt die paradoxe Intervention das menschliche Bedürfnis, die eigene Handlungsfreiheit zu verteidigen. Wenn sich ein Klient direkt oder indirekt gegen bestimmte Handlungsaufforderungen wehrt, wird sein Widerstand durch die paradoxe Intervention „umgedreht" und dadurch ausgehebelt. Indem der Berater das Gegenteil dessen vorschlägt, was der Klient erwartet, eröffnen sich neue Möglichkeiten für den Klienten. Sein Widerstand löst sich auf und der Klient erkennt, dass er selbst die Kontrolle über sein Verhalten hat. So gewinnt er neue Einsichten in sein Verhalten (Peluso & Freund, 2023). Oftmals führt eine paradoxe Intervention zudem zu einem Moment des Humors oder der Überraschung, wodurch es dem Klienten gelingen kann, sein Problem weniger ernst zu nehmen und eine gewisse Distanz dazu herzustellen (Peluso & Freund, 2023).

Beispiele

Klient:	Beginnt, sich aus Protest in den Handrücken zu beißen oder ins Gesicht zu schlagen (ein häufiges Verhalten bei Menschen mit Intelligenzminderung)
Berater:	„Beiße ruhig einmal richtig feste zu"/„Ich sehe, beim Schlagen gibst du dir richtig große Mühe!"/„Geht das nicht fester?"/„Ist das schon alles? Das kannst du doch besser", etc.
Oder:	
Klient:	Äußert die Idee, nur unter der Woche abstinent zu bleiben, und am Wochenende dafür viel Alkohol zu trinken.
Berater:	„Super Idee! Am Wochenende kannst du dich dann immer richtig schön betrinken"/„Sehr gut, dann lass dich mal so richtig volllaufen"

◀

Vorsicht: Die paradoxe Intervention erfordert eine sorgfältige Einschätzung der Situation und der beraterischen Beziehung. Sie ist nicht für jeden Klienten geeignet und kann in manchen Fällen das Gefühl hervorrufen, nicht ernst genommen zu werden. Die paradoxe Aufforderung darf auf keinen Fall ironisch oder herabwürdigend klingen. Falsch angewendet könnte die Intervention den Widerstand verstärken und das Vertrauen zwischen Klienten und Berater untergraben. Bei Klienten aus dem Autismus-Spektrum oder mit einer starken Persönlichkeitsstörung besteht zudem die Gefahr, dass sie die Paradoxie hinter der Aussage nicht erkennen, und dass sie die Aufforderung ernst nehmen.

6.3.4 Ablenkung/Themawechsel

Wenn sich das Gespräch festgefahren hat, kann es hilfreich sein, den Fokus des Gesprächs gezielt auf etwas anderes zu verschieben. Es geht darum, ein bestehendes Unwohlsein auf Seiten des Klienten durch das absichtliche Einführen eines weniger bedrohlichen Themas aufzulösen. Ziel dieser Ablenkungsstrategie ist es, die therapeutische Beziehung zu schützen, den Klienten nicht zu überfordern, und eine Verschnaufpause zu generieren, um die Bearbeitung problematischer Themen zu einem späteren Zeitpunkt wieder aufzugreifen. Die Chance dieser Methode besteht darin, Raum für Entlastung und Selbstregulation zu schaffen, aber gleichzeitig zueinander in Kontakt zu bleiben.

Beispiel

Klient:	„Alle wollen, dass ich keine Süßigkeiten mehr esse, aber ich lass mir nix verbieten. Ich tue was ich will und mehr sag ich dazu auch nicht mehr!“
Berater:	„Das sollten wir auf jeden Fall noch besprechen. Aber erstmal wollte ich fragen wie war denn eigentlich das Konzert XY“ (Wechsel auf ein beliebiges Thema, idealerweise knüpft man dabei an etwas an, was der Klient einmal erzählt hat)

◀

Bei dieser Methode ist es wichtig, dass die Kontrolle über den Gesprächsinhalt weitgehend beim Berater bleibt und dass dieser den roten Faden zum eigentlichen Problemthema immer wieder aufgreift. Ansonsten besteht die Gefahr, dass der Themawechsel vom Klienten als Ausweichstrategie genutzt wird, um unangenehme Themen gezielt zu vermeiden.

6.3.5 Umdeuten (Reframing)

Das Reframing als Gesprächstechnik ist bereits in Abschn. 5.4.4 vorgestellt worden. Es besteht darin, eine vom Klienten getätigte Aussage aufzugreifen, ihr aber durch eine andere Betonung, einen neuen Kontext oder eine veränderte Gewichtung eine neue Bedeutung zu geben (Plate, 2021). Dadurch sollen festgefahrene Denkmuster aufgelockert werden. Bedrohlich oder unüberwindbar scheinende Schwierigkeiten können so abgeschwächt werden. Insgesamt erhält der Klient eine andere Perspektive auf sein Problem, die er nutzen kann, um seine inneren Widerstände beizulegen (Watzlawick et al., 1974).

Reframing kann auf verschiedenen Ebenen ansetzen. Beispielsweise kann durch kognitives Reframing die Interpretation eines Gedankens oder einer Überzeugung verändert werden.

Beispiele

Klient:	„Ich bin immer wieder gescheitert.“
Berater:	„Sie haben sich immer wieder hoch gekämpft.“
Oder:	
Klient:	„Ich hatte es so schwer.“
Berater:	„Sie sind eine Überlebende.“

◀

Emotionales Reframing hingegen zielt eher darauf ab, die Gefühle im Hinblick auf eine bestimmte Situation zu verändern:

Beispiele

Klient:	„Ich bin so schrecklich wütend!"
Berater:	„Das ist ein guter Schutz. Ihre Gefühle zeigen Ihnen deutlich: Bis hierher und nicht weiter."
Oder:	
Klient:	„Ich habe viel zu große *Angst* davor, in eine eigene Wohnung zu ziehen."
Berater:	„Die *Nervosität* zeigt, dass dir bewusst ist, dass dir ein neuer, spannender Lebensabschnitt bevorsteht."
Oder:	
Klient:	„Ich schäme mich dafür, dass ich den Test nicht geschafft habe."
Berater:	„An dieser Erfahrung können Sie wachsen."

◀

Kontextuelles Reframing stellt eine vom Klienten getätigte Aussage in einen völlig neuen Bedeutungszusammenhang (Plate, 2021):

Beispiele

Klient:	"Auf die Pausenzigarette mag ich nicht verzichten."
Berater:	„Du gestaltest dir deine Pause gerne so, dass sie für dich schön und erholsam ist."
Oder:	
Klient:	„Das ist bereits die zweite Ehe, die *gescheitert* ist."
Berater:	„Wie kannst du diesen *Erfahrungsvorsprung* zukünftig für dich nutzen?"

◀

6.3.6 Herausstellen der persönlichen Wahlfreiheit

Diese Methode basiert auf der Annahme, dass der Widerstand aufgekommen ist, weil sich der Klient in seiner persönlichen Entscheidungsfreiheit eingeschränkt fühlt. Sie beruht auf dem Prinzip, dass sich Menschen nur dann für Veränderungen öffnen können, wenn sie das Gefühl haben, selbst die Kontrolle über ihre Entscheidung zu haben.

Es kann daher im Verlauf des Beratungsprozesses immer wieder hilfreich sein, dem Klienten explizit mitzuteilen, dass er zu jeder Zeit die Möglichkeit hat, seine Entscheidungen neu zu treffen und seinen Weg eigenverantwortlich zu gestalten. Das dadurch erlangte Gefühl von Kontrolle und Selbstbestimmung ist die notwendige Basis für jede Verhaltensänderung. Erst wenn dieses Gefühl vorliegt, kann sich der Klient auf den weiteren Beratungsprozess einlassen (Lippert, 2021).

Beispiele

Klient:	„Alle wollen, dass ich nicht mehr so viel esse. Aber das werde ich nicht tun! Ich bin nicht dick!“
Berater:	„Das ist ganz alleine Ihre Entscheidung, Ihr Körper und Ihr Leben. Sie entscheiden, welchen Weg Sie gehen wollen und ich unterstütze Sie dabei.“
Oder:	
Klient:	„Ich habe es satt, dass ich immer darauf angesprochen werde.“
Berater:	„Sie entscheiden, ob und wann wir dieses Thema besprechen.“
Oder:	
Klient:	„Alle erwarten von mir, dass ich mit dem Rauchen aufhöre.“
Berater:	„Es liegt ganz bei Ihnen, wie Sie mit dem Thema umgehen wollen. Wenn Sie weiter rauchen, hat das natürlich Folgen. Aber ich unterstütze Sie, egal welchen Weg Sie wählen.“

◀

6.3.7 Humor

Humor ist eine oft unterschätzte Ressource in der Beratung. Er bringt nicht nur Leichtigkeit in schwierige Situationen, sondern eröffnet auch neue Perspektiven und kann die beraterische Arbeit tiefgreifend bereichern. Dabei geht seine Wirkung über das bloße Lachen hinaus. Er wirkt als Ventil für Spannungen und hilft dabei, unangenehme oder schmerzhafte Situationen oder Gefühle bearbeiten zu können. Lachen löst Stress und kann das Gefühl von Bedrohung verringern, indem es Distanz zu schwierigen Themen schafft. Insbesondere dann, wenn Widerstände im Beratungsprozess auftreten, kann Humor das Gesprächssetting entlasten und dabei helfen, aus der Situation herauszutreten und ihr die Schwere zu nehmen. Humor kann außerdem dazu beitragen, die Absurdität einer festgefahrenen Beratungssituation auf schonende Weise greifbar zu machen, ohne den Klienten in die Enge zu treiben. Dennoch erhält der Klient dadurch die Möglichkeit, die Situation aus einer neuen Perspektive zu betrachten und eine neue Einsicht zu fördern.

Humor kann auch als Kommunikationsmittel eingesetzt werden, welches im Fall von Dissonanzen innerhalb der Beratungsbeziehung wieder mehr Nähe und Vertrauen schaffen kann (Röhner & Schütz, 2020). Als Brückenglied zwischen Berater und Klient kann er zudem das Gefühl der Gleichwertigkeit stärken. Ein Beispiel hierfür ist der Einsatz von selbstironischem Humor seitens des Beraters. Selbstironie macht den Berater menschlicher und nahbarer. So zeigt der Berater, dass auch er selbst nicht perfekt ist, was das Gefühl von Akzeptanz auf Seitens des Klienten stärken kann. Humor ermöglicht es, schwierige Themen indirekt anzusprechen, ohne dass der Klient sich angegriffen oder bedrängt fühlt.

Der Einsatz von Humor im Beratungsprozess birgt außerdem das Potenzial, die Aufmerksamkeit des Klienten weg von seinem wahrgenommenen inneren Widerstand hin auf den gegenwärtigen Augenblick zu richten. Gerade in Momenten intensiver Emotionen kann eine humorvolle Intervention das Gedankenkarussell stoppen und den Klienten wieder ins Hier und Jetzt zurückholen.

Dennoch muss klar sein, dass der Einsatz von Humor seine Grenzen hat, und dass man sehr feinfühlig abwägen muss, ob der Klient hierfür empfänglich ist. In den meisten Fällen sind Menschen mit Intelligenzminderung oft sehr dankbar dafür, wenn eine ernste Situation durch einen kleinen Scherz aufgelockert wird. Es gibt jedoch auch Klienten, die aufgrund ihres Störungsbildes Schwierigkeiten damit haben, Humor zu verstehen oder zu verarbeiten. Dies kann beispielsweise auf einzelne Menschen aus dem Autismus-Spektrum zutreffen, die humorvolle Aussagen gelegentlich zu wörtlich interpretieren und den ironischen Hintersinn nicht verstehen können. Auch bei Menschen mit Persönlichkeitsstörungen kann die Gefahr bestehen, dass sie humorvolle Aussagen zu stark auf sich beziehen und dann gekränkt reagieren. Der Berater muss individuell und feinfühlig entscheiden, ob Humor angebracht ist, oder nicht. Selbstverständlich sollte der Humor ohnehin niemals auf Kosten des Klienten verwendet werden.

6.3.8 Metakommunikation

Ein weiteres wirkungsvolles Werkzeug im Umgang mit Widerstand ist die Metakommunikation – also das Sprechen über die Beziehung zwischen Berater und Klient. Indem der Berater das Gespräch auf die Metaebene hebt, kann der Widerstand produktiv in den Beratungsprozess integriert werden.

Metakommunikation bedeutet, das eigene Gesprächsverhalten oder das des Gegenübers zu reflektieren und anzusprechen. Es geht darum, nicht nur auf der inhaltlichen Ebene des Gesprächs zu bleiben, sondern auch die Dynamik der Interaktion selbst zu thematisieren. In der Beratung kann das bedeuten, über das Schweigen des Klienten, über dessen vermeidende Haltung oder über die spürbare Spannung im Raum zu sprechen. Metakommunikation gibt sowohl dem Berater als auch dem Klienten die Möglichkeit, die Interaktion bewusster wahrzunehmen.

So gelingt Metakommunikation

- Offenes Ansprechen des Widerstandes: Wenn Widerstand spürbar wird, kann der Berater das Verhalten des Klienten behutsam ansprechen. Dabei lädt er den Klienten dazu ein, die Situation zu reflektieren, ohne ihn unter Druck zu setzen.
- Widerstand benennen, ohne zu pathologisieren: Widerstand ist ein natürlicher Bestandteil des Beratungsprozesses. Er ist kein „Problem“, sondern eine gesunde Reaktion auf emotionale Herausforderungen. Dies so zu benennen, kann dem Klienten dabei helfen, den Widerstand als gesunden Teil des Prozesses zu akzeptieren.
- Beziehungsebene hinterfragen: Widerstand kann Ausdruck einer gestörten Beziehungsdynamik zwischen Berater und Klienten sein. In diesem Fall kann man die Beziehung selbst ansprechen: „Mir fällt auf, dass es in unserem Gespräch gewisse Spannungen gibt. Wie fühlen Sie sich in unserer Zusammenarbeit?“ Diese Frage kann zu einem tieferen Verständnis der vorliegenden Interaktionsmuster führen.
- Reflexion der eigenen Reaktion: Widerstand kann dazu führen, dass sich der Berater frustriert oder hilflos fühlt. In der Metakommunikation kann der Berater auch diese Gefühlslage ansprechen.

Oft entsteht durch diese Art der Offenlegung der Kommunikationsmuster ein Gefühl der Entlastung und Klarheit. Der Klient erhält ein besseres Verständnis für die unbewussten Gründe seines Widerstandes. Er erfährt aber auch, dass sein Verhalten Auswirkungen auf die Gefühlswelt des Beraters hat, was wiederum zu mehr Nähe führt.

Vorsicht: Metakommunikation sollte vorsichtig und sensibel geschehen, da sie ansonsten vom Klienten als Kritik empfunden werden kann. Ein zu direktes Ansprechen des Widerstandes zum falschen Zeitpunkt kann seine Abwehrmechanismen u. U. verstärken.

Literatur

Hycner, R. (1989). *Zwischen Menschen. Ansätze zu einer dialogischen Psychotherapie*. EHP.

Lippert, A. (2021). *Motivation stärken in Therapie und Beratung*. Springer.

Lubienetzki, U., & Schüler-Lubienetzki, H. (2020). *Lass uns miteinander sprechen. Psychologie der erfolgreichen Gesprächsführung*. Springer.

Miller, W. R., & Rollnick, S. (2015). *Motivierende Gesprächsführung* (3. Aufl.). Lambertus.

Peluso, P. R., & Freund, R. (2023). Paradoxical interventions: A meta-analysis. *Psychotherapy, 60*(3), 283–294.

Plate, M. (2021). *Grundlagen der Kommunikation-Gespräche effektiv gestalten*. Utb.

Röhner, J., & Schütz, A. (2020). *Psychologie der Kommunikation*. Springer.

Sequani, A. (2008). Motivierende Gesprächsführung und systemische Beratung – Ein Vergleich. *Soziale Arbeit, 2*, 64–68. https://doi.org/10.5771/0490-1606-2008-2-64

Watzlawick, P., Weakland, J. H., & Fisch, R. (1974). *Change: Principles of problem formulation and problem resolution*. W.W. Norton.

Methodische Besonderheiten in der Gesprächsführung mit Menschen mit Intelligenzminderung

7

Zusammenfassung

Die Gesprächsführung mit Menschen mit Intelligenzminderung stellt besondere methodische Anforderungen an den Berater. Aufgrund kognitiver Einschränkungen haben diese Klienten oft Schwierigkeiten damit, komplexe Inhalte zu verstehen und ihre Aufmerksamkeit über längere Zeit aufrechtzuerhalten. Daher müssen Berater ihre Kommunikation und die Struktur der Sitzungen stark anpassen. Es wird beispielsweise empfohlen, durch den Einsatz von „leichter Sprache" sowie von Visualisierungen und wiederholten Erklärungen sicherzustellen, dass der Klient den Gesprächsverlauf nachvollziehen kann. Zudem ist Geduld erforderlich, da der Prozess durch Rückschritte, längere Pausen und gelegentliche Stagnation gekennzeichnet sein kann. Ein zentrales Thema in der Gesprächsführung ist die Stärkung der Selbstwirksamkeit der Klienten, da viele von ihnen ein Gefühl der Fremdbestimmung verinnerlicht haben. Der Berater sollte auf diese Bedürfnisse flexibel eingehen, indem er Erfolgserlebnisse schafft und die Eigenverantwortung der Klienten stärkt. Das Kapitel bietet außerdem praktische Hinweise zu besonderen Herausforderungen, wie der Vermeidung von Widerständen, dem Umgang mit emotionalen Ausbrüchen und der Bewältigung von Schwierigkeiten in der therapeutischen Beziehung.

7.1 Einführung: Besonderheiten in Therapie und Beratung bei Menschen mit Intelligenzminderung

Menschen mit Intelligenzminderung haben einen unterdurchschnittlichen IQ, was es ihnen erschwert, komplexen Sachverhalten zu folgen. Darüber hinaus verfügen sie nicht immer über die gewohnten Feedback-Mechanismen, die es im Gespräch ermöglichen, inhaltlich

B. Metzger, *Motivierende Gesprächsführung bei Menschen mit Intelligenzminderung*, https://doi.org/10.1007/978-3-662-70837-8_7

beisammen zu bleiben. Aufgrund ihrer Einschränkungen sind ihre Auffassungsgabe und ihr Durchhaltevermögen erheblich eingeschränkt und unterliegen deutlichen Schwankungen in der Tagesform. Oft ist auch eine erhöhte Ablenkbarkeit gegeben. Dies alles macht deutlich, dass man sich als Berater auf diese Gegebenheiten einstellen muss, um den MI-Prozess (das gilt aber auch für jede andere Form der Kommunikation mit Menschen mit Intelligenzminderung) erfolgreich anwenden zu können.

Hurley et al. (1998) haben auf Grundlage einer ausgiebigen Recherche der Studienlage neun zentrale Punkte herausgearbeitet, die bei der Modifikation psychotherapeutischer oder beraterischer Interventionen und Strategien wichtig sind. Diese Modifikationen sind in der folgenden Tabelle zusammengefasst (Tab. 7.1).

Einige dieser Punkte werden im Folgenden noch genauer ausgeführt. Was MI betrifft, so ist beim fünften Punkt, dem von Hurley et al. (1998) vorgeschlagenen „direktiven Vorgehen" Vorsicht geboten. Ein zu direktives Vorgehen würde den Grundprinzipien von MI widersprechen und könnte den Klienten in der Erforschung seiner inneren Ambivalenz und folglich auch in der Entwicklung seiner Veränderungsmotivation behindern.

Was den siebten Punkt, das Einbeziehen von Bezugspersonen angeht, so ist dies insbesondere in den ersten Sitzungen, wo es vornehmlich darum geht, sich ein Bild der Gesamtlage und der Lebenswelt des Klienten zu machen, sicherlich von Vorteil. Es sollte jedoch stets nur

Tab. 7.1 Zentrale Modifikationen psychotherapeutischer Techniken. (Hurley et al., 1998, zitiert nach Erretkamps et al., 2017, S. 9)

Anpassung	Definition/ Beispiel
Vereinfachungen	Reduktion der Komplexität üblicher Techniken; Intervention in kleine Schritte aufteilen, kürzere Sitzungsdauer
Sprache	Vereinfachtes Vokabular, vereinfachte Satzstruktur und Gedankenlänge, kurze Sätze, einfache Worte
Aktivierende Elemente	Erweitern typischer Techniken mittels aktivierender Elemente, um Veränderung und Lernen zu festigen; Ergänzende Bilder, Hausaufgaben
Entwicklungsstand	Entwicklungsstand bei Gestaltung von Techniken und Material berücksichtigen; Spiele verwenden; Erfassen von Veränderungen in Bezug auf relevante soziale Aspekte
Direktives Vorgehen	Berater agiert direktiver aufgrund kognitiver Einschränkungen des Klienten; Therapieziele, Fortschritte kurz darstellen; zusätzliche visuelle Hilfen
Flexibilität	Übliche Techniken an kognitiven Entwicklungsstand und verlangsamte Fortschritte anpassen; auf weitere Modalitäten fokussieren
Einbeziehung von Bezugspersonen	Bezugspersonen zur Unterstützung von Veränderung einbeziehen; Hausaufgaben oder Übungen mit Bezugspersonen für zu Hause aufgeben
Übertragung und Gegenübertragung	Stärkere und schnellere Bindung; Reaktionen des Beraters ähneln den elterlichen; Bedürfnis des Beraters, sich stärker abzugrenzen, und Sicherstellung von Peer-Supervision
Thematisierung der Behinderung	Berater sollte das Thema einbringen und ein positives Selbstbild unterstützen

mit dem Einverständnis des Klienten geschehen. Auch gegen Ende des Beratungsprozesses, wenn es darum geht, die in der Planungsphase (s. Abschn. 4.5) erarbeiteten Schritte zur Durchführung der Verhaltensänderung umzusetzen oder eine Rückfallprophylaxe zu unterstützen, ist der Austausch mit dem Bezugssystem sinnvoll, damit alle an einem Strang ziehen.

In der Phase der Themenauswahl und des Erweckens der Veränderungsmotivation (s. Abschn. 4.3 u. 4.4) kann der Einbezug des Bezugssystems jedoch kontraproduktiv sein und muss deshalb gut abgewogen werden. Eine Einflussnahme oder Manipulation der Richtung des Beratungsprozesses durch Dritte sollte im Sinne einer nachhaltigen Verhaltensänderung verhindert werden (s. Abschn. 7.6.3). Eine durch äußere Zwänge erwirkte Verhaltensänderung wäre nicht von Dauer und hätte auch nicht notwendigerweise einen positiven Einfluss auf die Lebensqualität des Klienten. Hierüber sollte das Bezugssystem freundlich und transparent aufgeklärt werden.

Davon abgesehen wird an den Vorschlägen von Hurley et al. (1998) erneut deutlich, dass alle eingesetzten Methoden und Strategien an den sozio-emotionalen Entwicklungsstand des Klienten anzupassen sind. Wie bereits in Abschn. 3.2 empfohlen, sollte dieser vor Beratungsbeginn bei jedem Klienten erhoben werden. Je nach Entwicklungsstand kann dann beispielsweise abgewogen werden, ob eher kindliches Hilfsmaterial eingesetzt wird (Puppen, Stofftiere, Knetmasse, etc.), oder ob man Materialien für Jugendliche oder Erwachsene verwendet (Filme, Bilder, Songtexte, Spiele, etc.).

7.2 Leichte Sprache

Im Gespräch mit den Klienten ist konsequent auf den Einsatz leichter Sprache zu achten. Leichte Sprache wird im Zuge der politischen und gesamtgesellschaftlichen Inklusionsbemühungen immer sichtbarer, sodass inzwischen die meisten Behörden, politischen Organe, Parteien, Nachrichtensender, etc. ihre Inhalte auch in leichter Sprache anbieten. Leichte Sprache ist daher mittlerweile so sichtbar und wichtig geworden, dass man ein eigenes Buch darüber schreiben könnte. Es ist inzwischen sehr einfach, in einschlägiger Fachliteratur oder im Internet auf gute Hinweise und Tipps zur Verwendung von leichter Sprache zu stoßen. Deshalb hier nur ein paar Grundregeln, die beachtet werden sollten:

Grundregeln der leichten Sprache

- Keine Fremd- oder Fachwörter verwenden
- Keine langen, komplizierten Sätze formulieren (nur eine Aussage pro Satz)
- Immer nur eine Frage auf einmal stellen
- Die gleichen Begriffe verwenden, die der Klient auch verwendet
- Immer die gleichen Wörter für die gleichen Dinge verwenden (z. B. nicht abwechseln zwischen „Tablette“ und „Pille“)
- Ironie, Redewendungen und bildhafte Metaphern vermeiden, da sie falsch verstanden werden könnten
- Keine hohen Zahlen und Prozentangaben verwenden

Das Ziel muss es sein, vom Klienten verstanden zu werden. Der Berater sollte sich so gut wie möglich an die Sprache des Klienten anpassen und zwischendurch regelmäßig nachfragen, ob der Klient alles gut versteht (Porcelan et al., 2019).

7.3 Struktur der Sitzungen

Aufgrund der verminderten und schwankenden Aufmerksamkeitsspanne sowie des beeinträchtigten Konzentrations- und Erinnerungsvermögens, sollte man bei der Strukturierung der Sitzungen einiges beachten:

Zunächst einmal sollte man dem Klienten zu Beginn der Sitzungen ausreichend Zeit zum Ankommen geben. Womöglich möchte der Klient zu Anfang noch etwas Wichtiges erzählen oder einem bestimmten Ritual nachkommen. Womöglich ist er auch in Gedanken noch ganz woanders. Aus diesen Gründen sollten einige Minuten zum Ankommen und Akklimatisieren eingeplant werden, bevor zum eigentlichen Thema übergeleitet wird.

Außerdem sollte zu Beginn jeder Sitzung eine Wiederholung aus der letzten Sitzung durchgeführt werden, indem man den Klienten darum bittet, zu rekapitulieren, was ihm vom letzten Mal noch im Gedächtnis geblieben ist.

Im Verlauf des Gesprächs sollte dem Klienten stets ausreichend Zeit gegeben werden, um nachzudenken und seine Antworten zu formulieren. Dies kann bedeuten, dass man sich an längere Momente des Schweigens gewöhnen muss. Diese Momente sollte man aushalten und den Klienten nicht beim Nachdenken unterbrechen. Sollte der Klient irgendwann einmal wirklich nicht mehr antworten, weil er gedanklich abgeschweift ist, kann man ihn beispielsweise mit dem Satz „Wo bist du gedanklich gerade?“ zurückholen. Lindemann (2023) begreift das Schweigen als wichtiges Element der Gesprächsführung, welches dazu geeignet sein kann, sich gedanklich zu sortieren. Er begreift Pausen nicht als störend, sondern schlägt sogar vor, sie im Sinne einer „angeleiteten Unterbrechung“ als methodisches Element zu nutzen (indem man beispielsweise sagt: „Ich schlage vor, wir nehmen uns eine Minute Zeit, um kurz darüber nachzudenken“).

Wenn der Klient Schwierigkeiten hat, eine Antwort auf eine Frage zu finden, ist es in Ausnahmefällen in Ordnung, Antwortmöglichkeiten vorzugeben (Grund: Manchmal fehlen den Klienten die Worte oder Ausdrucksmöglichkeiten, um ihre Antworten selbst zu formulieren). Da dieser Vorgang jedoch auch die Gefahr der Antwort-Beeinflussung birgt, sollte man damit vorsichtig umgehen.

Wenn man MI mit Menschen mit Intelligenzminderung durchführt, muss man mit Rückschritten und Stagnation im Prozess rechnen. Diese Rückschritte sollten geduldig hingenommen werden. Es kann vorkommen, dass man gemeinsam nochmal einen Schritt zurück gehen muss, um das bereits Erarbeitete zu festigen.

Generell sollte man viele Pausen und Wiederholungen einplanen und sich im Tempo und der Dauer der Sitzungen den Möglichkeiten des Klienten anpassen. Bei so manchem Klienten ist die Aufmerksamkeitsspanne nach zehn bis fünfzehn Minuten erschöpft und nach einer Woche Pause zwischen den Sitzungen keine Anschlussmöglichkeit mehr gegeben. In diesem Fall könnte man beispielsweise täglich oder alle zwei Tage eine Sitzung von kürzerer Dauer anbieten (Porcelan et al., 2019; Wüllenweber, 2001).

Verbale Kommunikation kann für Menschen mit Intelligenzminderung sehr ermüdend sein. Um die Kommunikation zu erleichtern, können spielerische Elemente, Visualisierungen (Bildkarten, Filme, Symbole, Gegenstände, etc.), Puppen/Stellvertreterfiguren, Reime, Lieder, Rollenspiele,und kreative Ausdrucksmittel (Malstifte, Knetmasse, etc.) hilfreich sein (Porcelan et al., 2019; Wüllenweber, 2001).

Das gleiche gilt für kleine Hausaufgaben, mit deren Hilfe man sicherstellen kann, dass sich der Klient auch zwischen den Sitzungen weiter mit dem Thema auseinandersetzt (Erretkamps et al., 2017).

Es kann sinnvoll sein, die gute Mitarbeit des Klienten durch positive Verstärker zu würdigen. Hierbei ist jedoch unbedingt darauf zu achten, dass man nicht ins Loben abrutscht, wodurch ein Hierarchie-Gefälle entstehen würde.

Grundsätzlich gilt es, flexibel zu bleiben und sich dem Klienten anzupassen. Was heute nicht geht, geht vielleicht morgen.

7.4 Umwege gehen

Aufgrund ihrer Sozialisierung sind viele Menschen mit Intelligenzminderung derart auf ihr „Defizit“ fixiert und auf „Misserfolg“ gepolt, dass manche von ihnen kein Gefühl von Selbstwirksamkeit kennen (Erretkamps et al., 2017; Trescher, 2018). Sie haben oft kein Gespür für ihre Stärke und sehen sich selbst als zum Scheitern verurteilt an. Andererseits kann es durch die jahrelange Fremdbestimmtheit und die lebenslange Abgabe von Verantwortung in vielen Fällen auch dazu kommen, dass Menschen mit Intelligenzminderung alles, was ihnen im Leben widerfährt, auf die äußeren Umstände attribuieren. Sie sehen sich selbst oft nicht als Gestalter ihres Schicksals, sondern als Menschen, die dem Schicksal ausgeliefert sind. Das ist für manche Menschen mit Intelligenzminderung der gewohnte und einfache Weg. Es verhindert aber auch, dass sie selbst Verantwortung übernehmen und erkennen, dass es nicht die Umstände und Zufälle des Lebens sind, die dafür sorgen, dass man beispielsweise zu rauchen aufhört, sondern dass man dafür selbst aktiv werden muss.

Bei Menschen mit Intelligenzminderung, bei denen eines der oben genannten Muster auffällig wird, kann es notwendig sein, dem Prozess des MI einen anderen Prozess vorzuschalten, der das Selbstwirksamkeitserleben stärkt (Erretkamps et al., 2017). Dies ist anhand eines neutralen Themas am einfachsten zu erreichen (nicht anhand des „Problemthemas“).

Besonders gut eignen sich hierfür erlebnispädagogische Elemente (z. B. Klettern, Bogenschießen, o. ä.), Sport, Theater, die Übernahme eines (Ehren)-Amtes, o. ä. Es eignen sich aber auch kleine Aufgaben und Herausforderungen, die vom Klienten mit etwas Mühe gemeistert werden können und Schritt für Schritt das positive Gefühl von Selbstwirksamkeit und Erfolg vermitteln. Der Klient soll dadurch erkennen, dass er seine eigene Stärke und seine Erfolge genießen kann, dass sie aber etwas Mühe kosten und der Übernahme von

Verantwortung und Eigeninitiative bedürfen. Je nachdem, wie ausgeprägt die Passivität und das Selbstwertdefizit des Klienten sind, kann diese Phase einige Wochen bis Monate dauern. Diese Phase kann auf externe Therapeuten oder Bezugspersonen ausgelagert werden (z. B. Sportpädagogen, Musiktherapeuten, etc.), mit denen man als Berater im engen Austausch steht.

7.5 MI-bezogene Anwendungshinweise aus der Forschung

Frielink und Embregts (2013) haben eine Gruppe von 26 Menschen mit Intelligenzminderung sowie deren MI-Berater qualitativ befragt, um herauszufinden, ob und wie man die MI-Methoden in der Anwendung mit diesem Personenkreis anpassen müsste.

Dabei ging es insbesondere um die OBAZ-Methoden. Generell haben alle Befragten betont, wie wichtig der Einsatz leichter Sprache, der Einsatz von Wiederholungen und ausreichend Zeit sei.

In Bezug auf die Methode der „Offenen Fragen" wurde herausgearbeitet, dass „Warum"-Fragen vermieden werden sollten, da sie in den Klienten mit Intelligenzminderung das Gefühl auslösten, sich für etwas rechtfertigen zu müssen, und weil sie eine negative Stimmung in das Gespräch brächten.

Außerdem mochten es die Studienteilnehmer nicht, wenn ihnen die gleiche Frage mehrmals gestellt wurde, da es ihnen das Gefühl gab, nicht gehört worden zu sein und in ihrer Art zu antworten, nicht ernst genommen zu werden.

Bei Schwierigkeiten bei der Beantwortung einer offenen Frage wurde es als hilfreich erlebt, wenn der Berater verschiedene Antwortmöglichkeiten vorgab. Ebenso hilfreich wurde der Einsatz von Bildkarten oder Filmbeispielen, sowie das Angebot alternativer Ausdrucksmöglichkeiten wie Malen oder Rollenspiele angesehen.

Die Methode des „aktiven Zuhörens" erforderte laut den Teilnehmern keinerlei Anpassungen. Es könne jedoch häufig vorkommen, dass Klienten nicht wüssten, wie sie sich ausdrücken sollen, und dass ihnen mitten im Satz nicht mehr einfalle, was sie sagen wollten. In diesen Fällen könne es helfen, wenn der Berater den Satz nochmal wiederhole und dem Klienten dadurch helfe, an seinen verloren gegangenen Gedanken wieder anzuknüpfen.

Zur Methode der „Bestätigung" wurde erarbeitet, dass Bestätigungen nicht zu übertrieben formuliert, und nicht zu oft wiederholt werden sollten, da sich Klienten dadurch nicht ernst genommen fühlten.

Die Methode der „Zusammenfassung" sollte möglichst häufig und idealerweise nach jedem Themenabschnitt stattfinden. Dadurch würde auch der Wechsel zwischen den Themen für die Klienten besser greifbar.

Es zeigte sich außerdem, dass viele Klienten nicht gerne zugaben, wenn sie etwas nicht verstanden hatten. Menschen mit Intelligenzminderung haben vielfach den Wunsch, ihrem Gegenüber zu gefallen und sagen den Leuten deshalb oft das, was sie „hören wollen". Es kann daher vorkommen, dass ein Klient behauptet, er hätte alles verstanden, wo dies de facto aber nicht der Fall ist. Es könne daher helfen, wenn der Berater immer wieder abteste, ob tatsächlich alles verstanden wurde.

7.6 Potenzielle Probleme im Beratungsverlauf

7.6.1 Die Chemie stimmt nicht

Wenn man als Berater wahrnimmt, dass die Chemie zum Klienten nicht stimmt, ist es wichtig, dass man professionell und flexibel damit umgeht. Eine gute Beziehung zwischen Berater und Klient, auch als „therapeutische Allianz“ bezeichnet, ist ein zentraler Wirkfaktor für den Erfolg einer Beratung. Sie bildet sozusagen die Basis, ohne die es sehr schwierig werden wird, innerhalb der Beratung Fortschritte zu erzielen.

Bis zu einem gewissen Grad ist es möglich, durch professionelles Handeln einen positiven Einfluss auf die zwischenmenschliche Chemie zu nehmen. Wichtig ist es dabei, eine offene Kommunikation zu fördern. Der Berater kann die wahrgenommene Dissonanz beispielsweise offen und freundlich ansprechen und den Klienten dazu einladen, seine Wahrnehmung diesbezüglich zu teilen. Durch diese Form der ehrlichen Reflexion können mögliche Missverständnisse geklärt werden. Auch gegenseitige Erwartungen können dadurch transparent kommuniziert werden, was dem Berater im weiteren Prozess die Möglichkeit eröffnet, seinen Beratungsstil noch besser an die Bedürfnisse des Klienten anzupassen.

Für den Berater kann es zudem sinnvoll sein, seine eigene Haltung und Einstellung dem Klienten gegenüber zu hinterfragen. Hierbei kann eine Supervision oder kollegiale Beratung unterstützen. Möglicherweise gibt es unterbewusste Vorurteile oder persönliche Trigger, die die Beziehung zum Klienten negativ beeinflussen, und die durch vertiefte Reflexion bewusst gemacht werden können. Sind diese Themen einmal aufgedeckt, kann der Berater eine Haltung dazu entwickeln und seine Reaktionen auf den Klienten innerhalb der Beratung anpassen.

Generell lässt sich sagen, dass die konsequente Einhaltung der Grundregeln der MI-konformen Gesprächsführung und die innere Arbeit an der MI-konformen Grundhaltung (s. Abschn. 2.4) die besten Voraussetzungen dafür sind, dass man einen „guten Draht“ zum Klienten aufrecht erhält. Durch Empathie und Flexibilität sollte der Berater stets so gut wie möglich versuchen, sich in die Perspektive des Klienten hineinzuversetzen und seine Art der Kommunikation an die Bedürfnisse des Klienten anzupassen. Sehr wichtig ist es auch, die Grenzen des Klienten stets zu respektieren und auf eine Weise zu agieren, die den persönlichen Raum des Klienten achtet.

Trotz der oben genannten Möglichkeiten gibt es jedoch auch Konstellationen, in denen eine gute Chemie einfach nicht herzustellen ist. Es gibt immer wieder Menschen, die einfach nicht miteinander können. Sollten also alle Versuche, eine gute therapeutische Allianz herzustellen, scheitern, so ist es auch im Sinne des Klienten sinnvoll, einen Beraterwechsel vorzuschlagen, und diesen gut zu begleiten.

7.6.2 Kritik durch den Klienten

Nicht selten äußert der Klient im Rahmen des Beratungsprozesses Kritik oder tätigt Aussagen, die den Berater angreifen oder abwerten sollen. Dies kann ein Ausdruck von Widerstand sein (s. Kap. 6). Menschen mit Behinderung neigen dazu, in ihrer Kritik sehr direkt zu sein oder ihre Kritik auf unbeholfene Art vorzutragen. In solchen Fällen ist es wichtig, als Berater professionell und konstruktiv zu reagieren, und die Kritik als Chance zu begreifen, die eigene Beratungsarbeit zu verbessern und die Beziehung zum Klienten zu stärken. Dies kann beispielsweise dadurch geschehen, dass man die Kritik des Klienten ernst nimmt und Verbesserungsvorschläge umsetzt.

Neben den in Kap. 6 vorgestellten Methoden im Umgang mit Widerstand bietet sich die folgende Vorgehensweise an, um geäußerte Kritik im Beratungsprozess zu bearbeiten:

Zunächst sollte man die Kritik offen und freundlich zur Kenntnis nehmen, ohne sofort darauf zu reagieren. Dem natürlichen Impuls, reflexartig in die Defensive zu gehen, sollte man bewusst widerstehen. Schließlich zeigt der Klient durch die geäußerte Kritik, dass ihm die gemeinsame Zusammenarbeit zumindest so sehr am Herzen liegt, dass er sie verbessern möchte. Außerdem liegt in der Kritik stets eine Chance, die eigene Beratungsarbeit zu hinterfragen und die Beziehung zum Klienten zu stärken. Es kann daher Sinn machen, dem Klienten für sein offenes Feedback zu danken. Durch gutes Zuhören und klärende Nachfragen sollte der Berater versuchen, die Kritikpunkte des Klienten so gut wie möglich zu erfassen. Dies beugt Missverständnissen vor und gibt dem Klienten das Gefühl, ernst genommen zu werden.

Grundsätzlich ist es empfehlenswert, die Kritik nicht persönlich zu nehmen. Sie bezieht sich in den allermeisten Fällen auf die Zusammenarbeit im Rahmen der Beratung und nicht auf die Person des Beraters selbst. Sich dessen bewusst zu sein hilft dabei, eine sachliche Perspektive auf die geäußerte Kritik zu wahren und keinen Bruch in der Beziehung zum Klienten zu riskieren.

Die Bereitschaft, die eigene Beratungsarbeit verbessern zu wollen, ist eine wichtige Eigenschaft eines guten Beraters. Man sollte sich deshalb ehrlich mit der Kritik auseinandersetzen und sich überlegen, ob sie berechtigte Punkte enthält, an denen man arbeiten könnte. Wenn man zu dem Schluss gekommen ist, dass man ausgelöst durch die Kritik etwas an seinem Beratungsstil oder an der Zusammenarbeit mit dem Klienten verändern möchte, sollte man dem Klienten konkrete Anpassungsmaßnahmen hierfür vorschlagen. Ein offener Austausch mit dem Klienten kann signalisieren, dass man aus seiner Kritik gelernt hat.

Ist die geäußerte Kritik aber unsachlich oder unangebracht, dann kann der Berater ruhig und respektvoll seinen Standpunkt erläutern und Grenzen setzen. Außerdem kann es sinnvoll sein, überzogene Erwartungen von Seiten des Klienten schonend einzuordnen und dem Klienten seine eigene Verantwortung in Bezug auf sein Problemverhalten aufzuzeigen.

7.6.3 Einmischung durch Dritte

Wie in Abschn. 3.2 bereits beschrieben wurde, stehen Menschen mit Intelligenzminderung häufig lebenslang unter rechtlicher Betreuung. Sehr oft sind sie außerdem auch noch als erwachsene Menschen dem Einfluss durch ihre Angehörigen ausgesetzt, die sich viel stärker als dies bei nichtbehinderten Menschen der Fall wäre, auch im Erwachsenenalter noch für die Geschicke des Menschen mit Intelligenzminderung verantwortlich fühlen (Bernasconi, 2024).

Aus diesem Grunde kommt es nicht selten vor, dass die Inhalte des Beratungsprozesses das Interesse weiterer Akteure auf sich ziehen (Porcelan et al., 2019). So kann es beispielsweise sein, dass diese Akteure Informationen darüber verlangen, was im Rahmen der Beratung besprochen wird. Gelegentlich geschieht es auch, dass weitere Akteure versuchen, den Beratungsprozess in eine bestimmte, von ihnen gewünschte Richtung, zu beeinflussen.

Da die Motive, aus denen heraus diese Einmischung geschieht, meist sehr gut gemeint und aus der gemeinsamen Historie der betroffenen Bezugssysteme heraus auch gut nachvollziehbar sind, ist es wichtig, hier sensibel und abwägend vorzugehen. Miller und Rollnick (2015) gehen davon aus, dass Eltern ein starkes Eigeninteresse daran haben, wie sich ihre Kinder entwickeln, und dass ihnen deshalb die nötige Distanz fehlt, die für den Erweckensprozess im Rahmen von MI notwendig ist. Bei Interessenskonflikten dieser Art empfehlen sie den Einsatz von MI explizit nicht.

Um einen solchen Interessenskonflikt nicht aufkommen zu lassen, kann es sinnvoll sein, dem Beratungsprozess ein gemeinsames Gespräch mit allen beteiligten Akteuren vorzuschalten, welches Erwartungen und Grenzen thematisiert und in dem der Berater seine Haltung zu Vertraulichkeit und Schweigepflicht innerhalb des Beratungsprozesses transparent macht. Sehr wichtig wäre es in diesem Rahmen auch, die dahingehenden Wünsche des Klienten selbst anzuhören und in dessen Sinne bei den weiteren beteiligten Akteuren um Respekt für dessen Wünsche zu werben. Dabei sollte stets betont werden, dass man im Rahmen der Beratung nur das Wohl des Klienten im Blick hat. Man sollte aber auch erklären, dass eine nachhaltige Verhaltensänderung des Klienten nur dann zu erwarten ist, wenn er sich frei und aus eigenen Stücken dafür entscheiden darf, und wenn er die Modalitäten der Verhaltensänderung eigenverantwortlich bestimmen kann.

Wenn im weiteren Beratungsprozess trotzdem Einmischung durch Dritte stattfindet, ist es wichtig, dass der Berater klar und professionell handelt und sowohl den Klienten, als auch den Beratungsprozess schützt. Die Beratung ist eine vertrauliche Interaktion zwischen Berater und Klienten und kann nur funktionieren, wenn sich der Klient innerhalb der Beratung sicher fühlen kann. Außenstehende dürfen keinen Einfluss nehmen, es sei denn, der Klient wünscht dies ausdrücklich.

Aus diesem Grund sollte der Berater Dritten gegenüber keine Informationen preisgeben, wenn der Klient diesbezüglich nicht explizit zugestimmt hat. Wenn vermutet wird, dass der Klient von Dritten beeinflusst wird, sollte man dies zum Gegenstand der Beratungsgespräche machen. Man kann den Klienten dabei unterstützen, diese Einflüsse zu reflektieren und zu prüfen, ob sie seine persönliche Sicht auf die Dinge verändern. Es ist wichtig, den Klienten zu stärken und ihn dabei zu unterstützen, eigene Entscheidungen unabhängig von äußerem Druck zu treffen.

▶ **Hinweis:** Wenn der Klient unter rechtlicher Betreuung steht, könnte der Berater in Ausnahmefällen dazu verpflichtet sein, bestimmte Informationen über den Beratungsprozess herauszugeben, wobei aber auch die Vorgaben an Datenschutz und beraterische Schweigepflicht zu beachten sind. Gegebenenfalls sollten in solchen Fällen juristische Fachleute zu Rate gezogen werden.

7.6.4 Unzuverlässigkeit, Unaufrichtigkeit, Flunkern

Ein häufig zu beobachtendes Problem in der Beratung tritt auf, wenn Klienten ihre Termine häufig absagen, verschieben, oder unangekündigt nicht auftauchen. Der Berater ist dann mit der Frage konfrontiert, ob der Klient tatsächliche Gründe dafür hat, seine Termine nicht wahrzunehmen (andere Termine, wichtige Verpflichtungen, Missverständnisse oder die Unfähigkeit, sich den Termin zu merken), oder ob sein Verhalten ein Zeichen dafür ist, dass der Klient sich nicht auf den Veränderungsprozess, der durch die Beratung begleitet werden soll, einlassen kann.

Schumacher und Madson (2015) empfehlen in diesem Fall, das Problem direkt anzusprechen, und den Klienten über zwei Dinge zu informieren: Zum einen über den Sinn und Zweck des Termins und das übergeordnete Ziel des Klienten. Zum anderen über die Regeln, die für den Fall eines nicht eingehaltenen Termins gelten. Das bedeutet natürlich auch, dass für diesen Fall Regeln definiert werden müssen. Folgende Vorschläge könnten beispielsweise gelten:

- Termine müssen mindestens 24 h vorher abgesagt werden
- Für nicht eingehaltene Termine ist ein Ausfallhonorar zu zahlen (nur, wenn für die Regeltermine auch ein Honorar aufgerufen wird)
- Bei mehr als drei nicht rechtzeitig abgesagten und nicht eingehaltenen Terminen wird die Beratung beendet

Schumacher und Madson (2015) schlagen außerdem vor, dass man das Problem der Unzuverlässigkeit zum thematischen Inhalt des MI-Prozesses machen kann, also als vorgelagertes „Problemthema“ definieren kann, welches verändert werden muss, bevor man sich dem eigentlichen Problemverhalten zuwendet. Natürlich werden hierfür die Bereitschaft und das Einverständnis des Klienten vorausgesetzt. Dennoch kann es sich lohnen, all die in diesem Buch vorgestellten Methoden zu nutzen, um dem Klienten dabei zu helfen, sich das Ziel der regelmäßigen Teilnahme an den Sitzungen zu setzen, und das neu definierte Wunschverhalten tatsächlich auch umzusetzen.

Schumacher und Madson (2015) betonen außerdem, dass unzuverlässiges Verhalten des Klienten auch als eine Form des Widerstands zu begreifen ist (s. Kap. 6). Eine Grundregel im Umgang mit Widerstand ist es, die Autonomie und Wahlfreiheit des Klienten zu betonen. Die Haltung des Beraters muss es sein, dass es allein die Entscheidung des Klienten ist, ob er an der Beratung teilnehmen möchte oder nicht. Und dass es der Klient alleine ist, der die Konsequenzen dafür tragen muss. Die Situation könnte beispielsweise folgendermaßen thematisiert werden:

Beispiele

- „Es ist Ihre Entscheidung, ob Sie regelmäßig zur Beratung kommen möchten, oder nicht.“
- „Niemand zwingt Sie dazu, in die Beratung zu kommen.“

- „Die Beratung bei mir ist ein freiwilliges Angebot."
- „Du bist derjenige, der entscheidet, ob du die Beratung bei mir machen möchtest, oder nicht."
- „Du entscheidest, wie oft du in die Beratung kommen kannst und möchtest." ◀

Wenn vereinbarte Termine nicht wahrgenommen werden, wird die Beratung nicht erfolgreich sein und im wiederholten Fall sollte die Beratung durch den Berater beendet werden.

7.6.5 Emotionale Ausbrüche

Über emotionale Ausbrüche bei Menschen mit Intelligenzminderung ließe sich ein eigenes Buch schreiben, denn es ist ein sehr wichtiges Thema, mit dem sich auch schon zahlreiche andere Autoren befasst haben.

Literaturtipp Wüllenweber, E., & Theunissen, G. (Hrsg.) (2001): **Handbuch Krisenintervention – Hilfen für Menschen mit geistiger Behinderung – Theorie, Praxis, Vernetzung.** Kohlhammer.
Wüllenweber, E., & Theunissen, G. (Hrsg.) (2004): **Handbuch Krisenintervention – Band 2: Praxis und Konzepte zur Krisenintervention bei Menschen mit geistiger Behinderung.** Kohlhammer.

Einige Menschen mit Intelligenzminderung haben Schwierigkeiten damit, ihre Emotionen zu regulieren oder ihre Bedürfnisse und Frustrationen angemessen auszudrücken. Dies kann z. B. daran liegen, dass ihnen die sprachliche Versiertheit dafür fehlt, ihre Gefühle verbal so zu beschreiben, dass sie vom Gegenüber verstanden werden können. Dadurch können sich starke negative Emotionen wie Wut, Angst oder Trauer in Form von emotionalen Ausbrüchen manifestieren (Hemmings, 2007). Im schlimmsten Fall kann es auch zu aggressiven Ausbrüchen kommen, wobei sich die Aggression im ersten Schritt meist gegen sich selbst richtet. Es kommt leider häufig vor, dass sich Menschen mit Intelligenzminderung selbst verletzen, wenn sie von ihren eigenen Gefühlen überwältigt werden (Schläge auf den Kopf, Bisse in den Handrücken, Kratzen, u. ä.) (Hillery & Dodd, 2007).

Auch Überforderung kann dazu führen, dass solche Ausbrüche stattfinden.

Situationen, die für andere leicht zu bewältigen sind, können für Menschen mit Intelligenzminderung schnell überfordernd sein. Auslöser können dabei neben sozialen Reizen (Überforderung durch zu hohe Anforderungen von außen) auch sensorische Reize sein, wie beispielsweise ein hoher Geräuschpegel, eine unangenehme Beleuchtung, unangenehme Körperempfindungen, etc. (Boehlke, 2001; Heinrich, 2001).

Hinzu kommt, dass Menschen mit Intelligenzminderung häufig eine niedrige Frustrationstoleranz haben, sodass schon kleine Rückschläge im Alltag zu starken emotionalen Reaktionen führen können.

Außerdem kann es manchen Klienten schwerfallen, verschiedene Kontexte voneinander zu trennen. So kann es vorkommen, dass das Beratungssetting durch negative Vorfälle aus dem Alltag des Klienten belastet wird, und der Klient hoch angespannt zur Sitzung erscheint.

Hilfreiche Strategien zum Umgang mit emotionalen Ausbrüchen

- Ruhe bewahren: Um die Situation nicht weiter eskalieren zu lassen, sollte der Berater Ruhe bewahren und einen ruhigen, schützenden Rahmen bieten, der es dem Klienten ermöglicht, sich wieder zu beruhigen. Dabei ist auf Atmung, Stimme, Sprechgeschwindigkeit und Körpersprache zu achten. Menschen mit Intelligenzminderung reagieren sehr stark auf die Emotionen ihres Gegenübers. Eine ruhige, freundliche und positive Ausstrahlung überträgt sich oft sehr gut und schnell auf die Klienten.
- Verständnis zeigen: Die Gefühle der Klienten sollten ernstgenommen werden. Eine Validierung der Gefühle durch Sätze wie „Ich sehe, dass du wütend bist", kann sehr beruhigend wirken. Der Klient braucht Raum, seine Emotionen auszudrücken und das Signal, dass es in Ordnung ist, diese Gefühle zu zeigen.
- Klare und einfache Kommunikation: Auch vieles Reden kann einen aversiven Reiz darstellen und in Phasen von Anspannung noch zusätzliches Öl ins Feuer gießen. Es ist besser, angesichts eines angespannten Klienten eher wenig zu sprechen. Die Verwendung kurzer und klar verständlicher Sätze kann hilfreich sein, um dem Klienten die Situation zu erklären oder um Unterstützung anzubieten.
- Strukturen und Routinen: Menschen mit Intelligenzminderung profitieren sehr stark von klaren Strukturen und Routinen. Immer gleiche Abläufe geben ihnen Sicherheit und etwas, woran sie sich entlanghangeln können. Ein Ankommensritual in der Beratungssituation kann zum Beispiel den Übergang vom Alltag in den Beratungskontext erleichtern und eine sofortige Beruhigung herbeiführen. Auch Visualisierungen des Ablaufs der Beratungsstunde durch ausgedruckte Ablaufstreifen können eine große Unterstützung sein. Wenn die Klienten wissen, was sie erwartet, reduziert sich das Risiko von Überforderung und emotionaler Überreaktionen.
- Beruhigende Maßnahmen: Beruhigungstechniken, wie Atemübungen, Meditationen, Pausen, ruhige Musik oder beruhigende Aktivitäten können im Einzelfall helfen, die Situation zu entschärfen. Auch Umfeldanpassungen zur Reizreduktion können beruhigend wirken (z. B. Lautstärke verringern, Licht dimmen, etc.) (Heinrich, 2001).
- Selbstschutz: Im eigenen Interesse sollte stets eine professionelle Distanz gewahrt werden. Von Beruhigungsversuchen durch körperliche Annäherung ist streng abzuraten. Dies kann zum einen vom Klienten schnell missdeutet werden, was im schlimmsten Fall eine emotionale Abhängigkeit zum Berater auslösen

kann. Zum anderen kann der Berater dadurch selbst zum Ziel fremdaggressiven Verhaltens werden. Zusätzlich verbieten sich körperliche Berührungen im Rahmen von Beratungsgesprächen schon aus rein ethischen Gründen.

Emotional intensive Sitzungen können auch für den Berater sehr herausfordernd sein. Daher ist es ratsam, regelmäßige Supervisionsangebote wahrzunehmen, um das eigene Wohlbefinden sicherzustellen.

Im Rahmen einer akuten Krise mit hoher Anspannung ist es nicht sinnvoll, das Krisenereignis vertieft zu besprechen, da dies die Anspannung zusätzlich erhöhen würde, und da die Klienten im Zuge der Anspannung oft nicht klar denken können. Sobald sich die Situation beruhigt hat (oder auch in der nächsten Beratungssitzung), ist es jedoch wichtig, das Ereignis nachzubesprechen. Auf eine für den Klienten verständliche Art kann man dann versuchen, die Auslöser und Gefühle zu identifizieren, die zu dem Ausbruch geführt haben. Ebenso kann man gemeinsam überlegen, wie man solche Ausbrüche zukünftig frühzeitig unterbrechen könnte, bzw. was in einer solchen Situation helfen könnte, um sich wieder zu beruhigen. Langfristig sollte die Förderung von emotionaler Kompetenz, wie das Erkennen und Benennen von Gefühlen, Teil der Begleitung von Menschen mit Intelligenzminderung sein und ist als solche auch im Rahmen einer MI-basierten Begleitung nicht auszuklammern.

7.6.6 Nähe/Distanz

Distanzlosigkeit beschreibt ein Verhalten, bei dem die üblichen Grenzen des sozialen Miteinanders nicht beachtet werden. Menschen mit Intelligenzminderung können aufgrund ihrer kognitiven Einschränkungen Schwierigkeiten damit haben, soziale Normen und Grenzen zu erkennen und einzuhalten. Gelegentlich neigen sie dazu, körperliche Nähe zu suchen oder sehr persönliche Fragen zu stellen, ohne die gebotene Zurückhaltung zu zeigen.

Distanzlosigkeit hat oft mehrere Ursachen. Zum einen ist es das fehlende Verständnis für soziale Regeln, sowie die eingeschränkte Fähigkeit, verbale und nonverbale Signale richtig zu interpretieren. Zum anderen steckt jedoch sehr häufig auch der insgeheime Wunsch nach tiefer Verbundenheit und Nähe zu den Mitmenschen dahinter. Es wurde in Abschn. 3.2 beschrieben, dass Menschen mit Intelligenzminderung oftmals weniger Freundschaften pflegen und nur sehr selten intime Partnerschaften eingehen. Trotzdem hegen viele den Wunsch nach tiefer Verbundenheit zu ihren Bezugspersonen. Dies führt dazu, dass sie professionelle Beziehungen oftmals fehlinterpretieren und die professionelle Zuwendung als Zeichen einer Freundschaft missdeuten (Hurley et al., 1998; Trescher, 2018). Es kann auch vorkommen, dass Klienten mit Intelligenzminderung romantische Gefühle dem Berater gegenüber entwickeln (Hurley et al., 1998).

Ein sensibles Management der Distanzlosigkeit ist daher im Beratungskontext sehr wichtig. Der Berater muss klare Grenzen setzen und diese auf verständliche Weise kommunizieren. Auch auf direkte Nachfrage hin sollte man keine privaten Informationen und keine privaten Kontaktdetails mit seinen Klienten teilen.

7.6.7 Langsame Fortschritte

Wenn Berater das Gefühl haben, ihre Klienten entwickeln sich trotz des von ihnen geäußerten Veränderungswunsches und trotz geäußerten Change-Talks zu langsam, sollten sie laut Schumacher und Madson (2015) ihre eigene Haltung hinterfragen und sich erneut klar machen, dass die Art und Weise und die Geschwindigkeit der Entwicklung des Klienten alleine dessen autonome Entscheidung ist. Sobald im Berater eine Ungeduld entsteht, ist dies ein Zeichen dafür, dass er seine eigenen Vorstellungen über das Veränderungsziel und die Veränderungsgeschwindigkeit des Klienten entwickelt hat. Damit handelt er nicht mehr MI-konform, da er die Experten-Rolle eingenommen hat und zu sehr aus seiner eigenen Sicht der Dinge heraus agiert.

Dennoch sollte die Wahrnehmung des langsamen Fortschritts thematisiert werden, um herauszufinden, ob sich an der Veränderungsmotivation des Klienten etwas geändert hat, und um hinsichtlich des angestrebten Veränderungsplans wieder auf einen gemeinsamen Stand zu kommen. Sollte hinter der Stagnation kein Motivationsproblem, sondern ein Kompetenzproblem stehen, muss der Veränderungsplan ggf. nochmal angepasst werden (Lippert, 2021).

Es kann außerdem vorkommen, dass Klienten in auch in späteren Stadien der Beratung in alte Muster zurückfallen, und ihre innere Ambivalenz in Bezug auf das Problemverhalten wieder stärker wahrnehmen (also auch die Gründe FÜR das schädliche Verhalten). Dies kann sich durch Stagnation im Prozess bemerkbar machen und sollte thematisiert werden, da man in diesem Fall im gesamten Prozess einen Schritt zurückgehen sollte, um die Ambivalenz in Bezug auf das Problemverhalten nochmal neu zu explorieren.

Der MI-Forscher, -Anwender und -Trainer David B. Rosengren (2020) weist darauf hin, dass Veränderungen nie linear verlaufen, sondern dass immer mit Umwegen und Rückschritten zu rechnen ist. Insofern ist eine Stagnation im Beratungsprozess ein Stück weit als normal zu sehen. Die Änderungsbereitschaft ist nicht statisch, sondern unterliegt stetiger Beeinflussung.

Schumacher und Madson (2015) geben an, dass es häufiger vorkommt, dass Klienten den MI-Prozess relativ enthusiastisch starten, und dann im Verlauf der Beratung zwischenzeitlich Motivationseinbrüche erleben, da ihnen ihr ursprünglich festgelegtes Ziel auf einmal nicht mehr so wichtig ist. Dies kann auf Ängste oder mangelnde Zuversicht zurückzuführen sein.

Literatur

Bernasconi, T. (2024). *Pädagogik und Rehabilitation bei geistiger Behinderung*. Utb.

Boehlke, E. (2001). Ärztlich-medizinische Aspekte der Krisenintervention bei Menschen mit geistiger Behinderung. In E. Wüllenweber & G. Theunissen (Hrsg.), *Handbuch Krisenintervention – Hilfen für Menschen mit geistiger Behinderung – Theorie, Praxis, Vernetzung* (S. 235–256). Kohlhammer.

Erretkamps, A., Kufner, K., Schmid, S., & Bengel, J. (2017). *Depression bei Menschen mit geistiger Behinderung*. Beltz.

Frielink, N., & Embregts, P. J. (2013). Modification of motivational interviewing for use with people with mild intellectual disability and challenging behavior. *Journal of Intellectual & Developmental Disability, 38*(4), 279–291. https://doi.org/10.3109/13668250.2013.809707

Heinrich, J. (2001). Krisenintervention bei Fremd- und Sachaggressionen. In E. Wüllenweber & G. Theunissen (Hrsg.), *Handbuch Krisenintervention – Hilfen für Menschen mit geistiger Behinderung – Theorie, Praxis, Vernetzung* (S. 213–234). Kohlhammer.

Hemmings, C. (2007). The relationships between challenging behaviors and psychiatric disorders in people with severe intellectual disabilities. In N. Bouras & G. Holt (Hrsg.), *Psychiatric and behavioural disorders in intellectual and developmental disabilities* (2. Aufl., S. 62–75). Cambridge University Press. https://doi.org/10.1017/CBO9780511543616.005

Hillery, J., & Dodd, P. (2007). Self-injurious behaviour. In N. Bouras & G. Holt (Hrsg.), *Psychiatric and behavioural disorders in intellectual and developmental disabilities* (2. Aufl., S. 225–237). Cambridge University Press. https://doi.org/10.1017/CBO9780511543616.015

Hurley, A. D., Tomasulo, D. J., & Pfadt, A. G. (1998). Individual and group psychotherapy approaches for persons with mental retardation and developmental disabilities. *Journal of Developmental and Physical Disabilities, 10*(4), 365–386. https://doi.org/10.1023/A:1021806605662

Lindemann, H. (2023). *Einführung in die systemisch-lösungsorientierte Gesprächsführung und Beratung*. Utb.

Lippert, A. (2021). *Motivation stärken in Therapie und Beratung*. Springer.

Miller, W. R., & Rollnick, S. (2015). *Motivierende Gesprächsführung* (3. Aufl.). Lambertus.

Porcelan, J. A., Caujolle-Alls, K. E., & Gentile, J. P. (2019). Dismantling fears associated with intellectual disability: An evidence-based practice. *Innovative Clinical Neuroscience, 16*(11-12), 14–18.

Rosengren, D. B. (2020). *Arbeitsbuch motivierende Gesprächsführung*. G.P. Probst.

Schumacher, J. A., & Madson, M. (2015). *Fundamentals of motivational interviewing. Tips and strategies for addressing common clinical challenges*. Oxford.

Trescher, H. (2018). *Ambivalenzen pädagogischen Handelns – Reflexionen der Betreuung von Menschen mit „geistiger Behinderung"*. Transcript.

Wüllenweber, E. (2001). Behindertenpädagogische Krisenintervention bei Menschen mit geistiger Behinderung. In E. Wüllenweber & G. Theunissen (Hrsg.), *Handbuch Krisenintervention – Hilfen für Menschen mit geistiger Behinderung – Theorie, Praxis, Vernetzung* (S. 141–160). Kohlhammer.

Weiterführende Informationen 8

Zusammenfassung

Wie für alle methodischen Konzepte so gibt es auch für MI Anwendungsgrenzen, die in diesem Kapitel beschrieben werden. Die Methode eignet sich nur für Personen mit einem Mindestmaß an kognitiver Fähigkeit und Kommunikationsvermögen, weshalb sie z. B. bei Menschen mit schwerer Intelligenzminderung oder eingeschränkter Introspektionsfähigkeit wenig Erfolg verspricht. Auch sind für schwere psychiatrische Erkrankungen oder bei akuter Suizidalität andere Therapieformen vorzuziehen. Das Kapitel gibt darüber hinaus eine Übersicht über Forschungsergebnisse und Metaanalysen, die die Wirksamkeit von MI in verschiedenen Anwendungsfeldern belegen. Die Studien zeigen positive Effekte bei der Veränderungsmotivation in Bereichen wie Substanzkonsum und körperliche Gesundheit, auch bei kurzen Interventionen. Die Studienlage für Menschen mit Intelligenzminderung ist vergleichsweise beschränkt. Erste kleinere Studien zeigen jedoch positive Ergebnisse. Der letzte Abschnitt des Buches beschreibt verschiedene Möglichkeiten, MI zu erlernen, darunter Schulungen, Literatur sowie Online-Ressourcen und Apps. Empfehlenswert ist eine 9-tägige Zertifikatsschulung, um die Methode praxisnah und effektiv einzuüben.

8.1 Grenzen der Methode

MI ist eine wirksame Methode, die aufgrund ihrer sanften und personenzentrierten Ausrichtung nicht zu unerwünschten Nebenwirkungen führen wird. Trotzdem sollten Berater wissen, unter welchen Voraussetzungen man MI sinnvoll einsetzen kann, und in welchen Fällen man anderen Methoden oder gar anderen Therapeuten den Vortritt lassen sollte.

B. Metzger, *Motivierende Gesprächsführung bei Menschen mit Intelligenzminderung*, https://doi.org/10.1007/978-3-662-70837-8_8

MI setzt beim Klienten ein Mindestmaß an kognitiven Fähigkeiten voraus. Für Menschen mit Lernbehinderung und leichter Intelligenzminderung ist es eine hervorragende Methode. Auch bei Menschen mit mittelgradiger Intelligenzminderung kann man ihren Einsatz ausprobieren. Je stärker jedoch die kognitiven Einschränkungen ausgeprägt sind, desto eher wird man im Einsatz dieser Methode an seine Grenzen stoßen. Spätestens ab einer schweren Intelligenzminderung sollte man anderen Therapiemethoden den Vorzug geben (z. B. Prä-Therapie nach Prouty).

Exkurs: Prä-Therapie nach Garry Prouty

Garry Prouty et al. (1998), ein amerikanischer Psychologe, der selbst einen psychisch kranken Bruder mit Intelligenzminderung hatte, entwickelte auf Basis seiner eigenen Erfahrungen in den 60er-Jahren ein Therapiekonzept, welches sich an „nicht therapiefähige" Klienten richtet – also an Menschen die aufgrund einer sehr schweren psychischen Störung, einer Demenz oder einer schweren Intelligenzminderung in ihrer Kontaktfähigkeit beeinträchtigt sind. Da eine Kontaktfähigkeit die Voraussetzung für eine gelingende Therapie ist, ist es das Ziel des Konzepts, diese herzustellen und zu trainieren. Dabei zielt das Konzept auf drei verschiedene Ebenen des zwischenmenschlichen Kontakts ab: Realitätskontakt, affektiven Kontakt und kommunikativen Kontakt. Es soll dem Klienten ermöglicht werden, die Abspaltung zu überwinden, die er zu seinem eigenen Körper und zu seinem Umfeld empfindet.

Proutys Konzept basiert auf den Grundlagen der klientenzentrierten Psychotherapie nach Carl Rogers und wurde stark durch Eugene Gendlin (dem Entwickler der „Focusing"-Methode) beeinflusst, den Prouty als seinen Mentor bezeichnet. Insofern ist das Konzept den humanistischen Methoden zuzurechnen und setzt ein humanistisches Menschenbild voraus. Zudem geht das Konzept davon aus, dass das Erleben von schwer beeinträchtigten Menschen sich fundamental von dem eines gesunden Menschen unterscheidet, womit jegliche Interpretation oder Einordnung, die sich an den Maßstäben des Beraters orientiert, zwangsläufig den verstehenden Kontakt zum Klienten zerstört. Interpretation und Einordnung sind demnach zu Gunsten der konkreten Wahrnehmung und Beschreibung des Verhaltens des Klienten aufzugeben.

Um das Ziel der Kontaktfähigkeit zu erreichen, beschreibt Prouty (1998) methodisch mehrere sogenannte „Reflexionen", die vom Therapeuten im Kontakt mit seinen Klienten durchzuführen sind. Bei der Durchführung dieser Reflexionen geht es um das konkrete verbale Beschreiben des wahrgenommenen Zustands des Klienten, wodurch dessen Erleben, welches sich auf der vorsprachlichen Ebene befindet, auf eine verbale Ebene gehoben und dadurch zugänglich gemacht wird.

Prouty et al. (1998, **S. 33**) **beschrieb folgende Kontaktreflexionen:**

1. Situationsreflexion (Ansprechen der wahrgenommenen Situation)
2. Gesichtsausdrucksreflexion (Beschreibung des wahrgenommenen Gesichtsausdrucks)
3. Körperhaltungsreflexion (Beschreibung oder Imitation der wahrgenommenen Körperhaltung)
4. Wort-für-Wort-Wiederholung (Prinzip des Wiederholens geäußerter Wörter oder Laute)

MI setzt außerdem ein Mindestmaß an Introspektions- und Kommunikationsfähigkeit voraus. Diese Fähigkeiten können bei Menschen aus dem Autismusspektrum manchmal nicht entsprechend ausgeprägt sein. In diesen Fällen muss man für Kommunikation und Introspektion andere Zugänge finden als die verbale Ansprache. Da MI aber eine sehr gesprächsorientierte Methode ist, kann sie in diesen Fällen an ihre Grenzen stoßen.

Menschen mit Intelligenzminderung stehen außerdem oft unter rechtlicher Betreuung oder unter dem starken Einfluss ihrer Herkunftsfamilie. Dies kann dazu führen, dass autonome Entscheidungen und Wahlfreiheiten de facto nicht gegeben sind. Dies kann eine Arbeit an bestimmten Themen (beispielsweise gewünschte Wohnform, Umgang mit Medikamenten, etc.) vollkommen aushebeln. Wenn man im Laufe des MI-Prozesses an diese Grenze stößt, sollte man zunächst die Zuständigkeiten klären, bevor man den Klienten unbeabsichtigt dabei unterstützt, sich ein unerfüllbares Ziel zu setzen.

MI ist eine Methode, die bei Themen einzusetzen ist, die durch eine Verhaltensänderung zu lösen sind. MI ist ausdrücklich nicht dafür geeignet, Menschen mit manifesten psychischen oder psychiatrischen Erkrankungen zu behandeln. Insbesondere bei primär psychiatrischen Störungen wie Schizophrenie, Bipolarität, bestimmten Persönlichkeitsstörungen (v. a. Borderline), akuter Suizidalität, etc. muss der Klient in fachkundige Hände übergeleitet werden. MI ist in diesen Fällen NICHT die Anwendung der Wahl!

8.2 Ergebnisse aus der Wirksamkeitsforschung

Als William Miller und Stephen Rollnick die Technik der motivierenden Gesprächsführung Anfang der 80er-Jahre entwickelten, waren sie beide in wissenschaftlichen Positionen an Universitäten angestellt und hatten viele Jahre an Forschungstätigkeit hinter sich. Es war ihnen also von Anfang an daran gelegen, eine Technik zu entwickeln, die auch modernen Forschungsstandards genügt und effektive und reproduzierbare Ergebnisse hervorbringt.

MI ist seitdem in zahlreichen wissenschaftlichen Veröffentlichungen (weit über 2000) erwähnt worden und hat in über 1300 veröffentlichten randomisierten kontrollierten Studien, die in verschiedenen Ländern und an verschiedenen Gruppen durchgeführt wurden, effektive Ergebnisse berichtet. Zu Beginn hat sich die Forschung auf Suchtproblematiken konzentriert. Mit steigender Anzahl an positiven Forschungsergebnissen wurde die Methode dann sukzessive auf andere Bereiche ausgeweitet, sodass inzwischen Ergebnisse zu den verschiedensten Themen vorliegen. Eine eingehende Analyse der Forschungsergebnisse ist im Rahmen dieses Buches nicht zu realisieren, aber zumindest ein Überblick über die wesentlichen Metaanalysen (nach wissenschaftlichen Kriterien durchgeführte Analysen und Überblicksarbeiten über den aktuellen Forschungsstand) soll im Folgenden stattfinden.

Rubak et al. (2005) fanden in ihrer Metaanalyse heraus, dass MI in etwa 80 % der betrachteten Studien zu einer Verhaltensänderung der Klienten führte, und dabei traditionelle Formen der Beratung in ihrer Effektivität übertraf. Auch konnte festgestellt werden, dass im Rahmen des Einsatzes von MI keine schädlichen Nebenwirkungen auftraten. Signifikante Effekte für die Verhaltensänderungen konnten anhand messbarer Parameter wie BMI, Cholesterinspiegel, Blutdruck und Blutalkoholspiegel gemessen und bestätigt werden. Außerdem konnte gezeigt werden, dass MI bereits in kurzen Beratungseinheiten von ca. 15 min effektiv wirken kann, und dass der Effekt verbessert werden kann, wenn mehrere Beratungseinheiten in Folge durchgeführt werden.

Vasilaki et al. (2005) konnten in ihrer Metaanalyse bestätigen, dass MI bei exzessivem Trinken positive Ergebnisse erzielt.

Armstrong et al. (2011) konnten zeigen, dass der Einsatz von MI den Gewichtsverlust bei übergewichtigen Klienten verbessert.

Hatten sich bisherige Studien stets auf die Anwendung bei erwachsenen Menschen bezogen, so konnten Cushing et al. (2014) in ihrer Metaanalyse zeigen, dass MI auch bei Jugendlichen einen positiven Einfluss auf das allgemeine Gesundheitsverhalten haben kann.

Palacio et al. (2016) haben durch ihre systematische Überblicksarbeit herausgearbeitet, dass der Grad der Schulausbildung des Beraters für die Wirksamkeit von MI unerheblich ist. Dies zeigt, dass MI als Beratungstechnik grundsätzlich von jedem erlernt werden kann. Es bestätigt aber auch, wie wichtig das MI-spezifische Training in der Ausbildung der Berater ist.

Die Metaanalyse von Zomahoun et al. (2016) zeigte, dass MI die Medikamenten-Compliance von ärztlichen Patienten steigern kann.

Di Clemente et al. (2017) stellten in ihrer Überblicksarbeit über verschiedene andere Reviews fest, dass sich MI bereits nach kurzer Intervention wirksam bei Alkohol- und Tabakkonsum erweisen kann. Ebenso wirke es sich sehr gut auf den Konsum von Marihuana und bei Spielsucht aus. Ein ungenügendes Ergebnis zeigte sich allerdings beim Konsum von Opiaten. Insgesamt stellte sich heraus, dass MI effektiver ist, als wenn man gar keine Behandlung einsetzen würde, und dass es anderen Suchtbehandlungen ebenbürtig ist (bei geringerem Trainings- und Zeitaufwand).

Schließlich haben Bischof et al. (2021) in ihrer Literaturrecherche über mehrere Metaanalysen hinweg herausgearbeitet, dass MI über verschiedene verhaltensbedingte Gesundheitsprobleme hinweg eine erhöhte Veränderungsmotivation zu bewirken in der Lage ist, und dass es zur Optimierung ärztlicher Interventionen eingesetzt werden kann. Statistisch signifikante Ergebnisse wurden in dieser Arbeit vor allem in Bezug auf Substanzkonsum, körperliche Aktivität, Zahnhygiene und Körpergewicht berichtet.

Insgesamt stützen die Forschungsergebnisse laut Miller und Rollnick (2015) zwei Hypothesen:

1. Die Empathie des Beraters bzw. die Qualität der Beziehung zwischen Berater und Klienten trägt wesentlich zum Gelingen eines Veränderungsprozesses bei.
2. MI ist umso wirksamer, je MI-konsistenter sich der Berater verhält. Konfrontative und lenkende Strategien behindern den therapeutischen Prozess.

Schon allein die schiere Vielfalt der in den Studien behandelten Themen zeigt, dass der Einsatz von MI über die Jahre hinweg in den verschiedensten Bereichen erprobt und etabliert wurde. Im Suchtbereich ist MI in Deutschland inzwischen zum absoluten Standard avanciert. Auch im Gesundheitswesen wird es vielfach praktiziert. Inzwischen wird es aber beispielsweise auch an Schulen und im Strafvollzug eingesetzt. Umso erstaunlicher mag es daher erscheinen, dass es zum aktuellen Zeitpunkt keine einzige Übersichtsarbeit zum Einsatz bei Menschen mit Intelligenzminderung gibt, und weltweit nur sehr wenige Einzelstudien. Dies mag daran liegen, dass MI bisher nur sehr spärlich bei dieser Klientel eingesetzt wird und beweist einmal mehr, wie gravierend die methodische und therapeutische Unterversorgung dieses Personenkreises ist.

Umso erfreulicher ist es, dass es doch einige wenige Forscher gibt, die den Einsatz von MI bei Menschen mit Intelligenzminderung in Einzelstudien untersucht haben. Die Ergebnisse dieser Arbeiten werden im Folgenden vorgestellt.

Rose et al. haben im Jahr 2000 erstmals einen Einzelfall beschrieben. Sie haben einen 29-jährigen Patienten mit Prader-Willi-Syndrom und Intelligenzminderung mit einer MI-basierten Intervention versorgt. Im Ergebnis konnte der junge Mann nach einem Jahr sein Gewicht halten (er war aufgrund seines ungezügelten Appetits stark übergewichtig). Seine fremdaggressiven Verhaltensauffälligkeiten verringerten sich deutlich und die Beziehung zu seinen Mitmenschen besserte sich beträchtlich. Außerdem konnte er dazu motiviert werden, eine Diabeteskontrolle durch regelmäßige Messung seines Blutzuckerspiegels zu betreiben. Insgesamt verbesserte sich durch die Intervention seine Lebensqualität auf mehreren Ebenen. Er konnte sein Gewicht durch eigene Kontrolle halten und dadurch externe Kontrolle und Intervention vermeiden.

Die Einzelfallbeschreibung zeigt, wie wichtig es ist, dass das gesamte Bezugssystem einbezogen wird und die Grundhaltung von MI versteht und einsetzt.

Dennoch ist einschränkend zu erwähnen, dass die Ergebnisse aus Einzelfallstudien nie repräsentativ sein können und deshalb nicht auf die gesamte Gruppe der Menschen mit Intelligenzminderung übertragen werden können.

Zwei Jahre später haben Mendel und Hipkins (2002) eine kleine Studie an sieben männlichen Teilnehmern durchgeführt. Sie alle hatten eine Intelligenzminderung, waren aufgrund von Übergrifflichkeit im forensischen Setting untergebracht und zeigten einen problematischen Alkoholkonsum. Nach einer MI-basierten Gruppenintervention, bestehend aus drei Sessions innerhalb von zwei Wochen, konnten sechs der sieben Teilnehmer nachweislich ihre Veränderungsmotivation in Bezug auf ihr Verhalten steigern.

Frielink und Embregts (2013) haben eine Gruppe von 26 Menschen mit Intelligenzminderung sowie deren MI-Berater qualitativ befragt, um herauszufinden, ob und wie man die MI-Methoden in der Anwendung mit diesem Personenkreis anpassen müsse.

Insbesondere ging es dabei um die OBAZ-Methoden. Generell haben alle Beteiligten betont, wie wichtig der Einsatz leichter Sprache, der Einsatz von Wiederholungen und ausreichend Zeit sei.

In Bezug auf die Methode der „Offenen Fragen" wurde herausgearbeitet, dass „Warum"-Fragen vermieden werden sollten, da sie in den Klienten mit Intelligenzminderung das Gefühl auslösten, sich für etwas rechtfertigen zu müssen, und weil sie eine negative Stimmung in das Gespräch brächten.

Außerdem mochten es die befragten Klienten nicht, wenn ihnen die gleiche Frage mehrmals gestellt wurde, da es ihnen das Gefühl gab, nicht gehört worden zu sein und in ihrer Art zu antworten, nicht ernst genommen zu werden.

Bei Schwierigkeiten bei der Beantwortung einer offenen Frage wurde es als hilfreich erlebt, wenn der Berater verschiedene Antwortmöglichkeiten vorgab. Ebenso hilfreich wurde der Einsatz von Bildkarten oder Filmbeispielen, sowie das Angebot alternativer Ausdrucksmöglichkeiten wie Malen oder Rollenspiele angesehen.

Die Methode des „aktiven Zuhörens" erforderte laut der Teilnehmer keinerlei Anpassungen. Es könne jedoch häufig vorkommen, dass Klienten nicht wüssten, wie sie sich ausdrücken sollen, und dass ihnen mitten im Satz nicht mehr einfiel, was sie sagen wollten. In diesen Fällen könne es helfen, wenn der Berater den Satz nochmal wiederhole und dem Klienten dadurch helfe, wieder an seinen verloren gegangenen Gedanken anzuknüpfen.

Zur Methode der „Bestätigung" wurde erarbeitet, dass Bestätigungen nicht zu übertrieben formuliert werden sollten, da sich Klienten dadurch nicht ernst genommen fühlten.

Die Methode der „Zusammenfassung" sollte möglichst häufig und idealerweise nach jedem Themenabschnitt stattfinden. Dadurch würde auch der Wechsel zwischen den Themen für die Klienten besser greifbar.

Es zeigte sich außerdem, dass viele Klienten nicht gerne zugaben, wenn sie etwas nicht verstanden hatten. Menschen mit Intelligenzminderung haben häufig den Wunsch, ihrem Gegenüber zu gefallen und sagen den Leuten deshalb oft das, was sie hören wollen. Es kann daher vorkommen, dass ein Klient behauptet, er hätte alles verstanden, wo dies de facto aber nicht der Fall ist. Es könne daher helfen, wenn der Berater immer wieder abteste, ob tatsächlich alles verstanden wurde.

Der gleiche Hauptautor hat zwei Jahre später mit einem anderen Team (Frielink et al., 2015) eine kleine Studie an 6 Teilnehmern mit Intelligenzminderung durchgeführt, die unterschiedliche Substanzen konsumierten (Cannabis, Alkohol und Haschisch). Die Teilnehmer bekamen eine MI-Intervention namens „Beat the Kick", welche aus zehn Sitzungen bestand und von einem Psychologen durchgeführt wurde. Beat the kick ist als Vorbehandlungs-Intervention konzipiert, soll also eine Maßnahme sein, die die Motivation für die eigentliche Suchtbehandlung weckt. Es konnte gezeigt werden, dass sich die Qualität der Motivation für eine Suchttherapie im Laufe der Behandlung veränderte. War sie vor der Intervention noch extrinsisch motiviert, so hat sie sich durch die Behandlung in eine intrinsische Motivation verwandelt. Eine intrinsische Motivation erhöht die Chance auf eine erfolgreiche Behandlung um ein Vielfaches, weshalb dies als ein sehr gutes Ergebnis zu werten ist.

Diallo et al. (2021) haben in ihrer Studie gezeigt, dass MI in Kombination mit einer kognitiven Verhaltenstherapie dazu beitragen kann, dass sich Menschen mit Intelligenzminderung um einen Arbeitsplatz bemühen.

Dieses Ergebnis konnte von den gleichen Autoren (Diallo et al., 2023) in einem Follow-Up 2023 repliziert werden.

Insgesamt sind diese ersten kleinen Studien also vielversprechend. Für die Zukunft wären weitere groß angelegte Studien wünschenswert.

8.3 Ausbildung/Training/Online-Ressourcen

Es gilt als belegt, dass Menschen unterschiedlichster Profession ähnlich gute Ergebnisse erzielen können, wenn sie nach den Regeln von MI beraten (Barwick et al., 2012; Lundahl et al., 2010). Voraussetzung dafür ist, dass sie die in diesem Buch vorgestellten Methoden erlernen und trainieren.

Auf welche Weise und wie schnell man sich die Methode aneignet, ist individuell verschieden. Bei erfahrenen Beratern mag die Lektüre eines Ratgebers ausreichen. Menschen ohne beraterische Vorerfahrung sollten die Methode im Rahmen einer Schulung erlernen, da es dort zusätzlich zum theoretischen Input auch die Möglichkeit gibt, das Erlernte in Rollenspielen einzuüben und ggf. unterstützt durch Videofeedback selbst zu reflektieren und weiterzuentwickeln.

Um weiterführende Informationen zu erhalten, empfiehlt sich insbesondere die Lektüre der Originalautoren Miller und Rollnick, welche auch in der deutschen Übersetzung erhältlich ist. Sehr zu empfehlen ist ihr Standardwerk „Motivierende Gesprächsführung", welches inzwischen in der 3. Auflage erhältlich ist (Die englische Version „Motivational Interviewing" liegt in der 4. Auflage vor).

Literaturtipp William R. Miller & Stephen Rollnick (2015): **Motivierende Gesprächsführung.** Lambertus Verlag.

Wer gut Englisch kann, der kann auf der folgenden Webseite zahlreiche Beispielvideos und kurze Impulsvorträge von William Miller und Stephen Rollnick, aber auch von anderen praktizierenden MI-Experten sehen:

➦ https://psychwire.com/free-resources/motivational-interviewing

Am besten erlernt man die Methode jedoch über einen Kurs, wobei sich ein Format aus drei jeweils dreitägigen Modulen (Grundlagen, Aufbau 1, Aufbau 2) etabliert hat, welches mit einer Zertifizierung abgeschlossen werden kann. Entsprechende Anbieter findet man deutschlandweit über eine Internetrecherche, wobei die Kosten der Ausbildung variieren können.

Inzwischen gibt es auch zwei Apps:

Die App „Change-Talk: Childhood Obesity" ist nur auf Englisch erhältlich. Mit ihr kann man die Methode in Grundzügen erlernen und im Rollenspiel mit virtuellen Familien ausprobieren.

Unter folgendem Link kann man sich außerdem eine kostenlose App herunterladen (nur auf Englisch), mit der man die Methode einüben kann, und auf der man Tipps für die eigene Praxis erhält:

➦ https://www.miskillset.com/

Auf den Webseiten der Urheber der Methode William Miller und Stephen Rollnick kann man sich durch verschiedene Inhalte klicken und sich unter anderem für Online-Kurse anmelden, die direkt von den Autoren erstellt wurden. Diese Kurse bestehen hauptsächlich aus aufgezeichneten Video-Lektionen und beinhalten daher keine Möglichkeit, die Methode in Rollenspielen mit anderen Teilnehmern einzuüben. Außerdem schließen sie nicht mit einem in Deutschland gültigen Zertifikat ab:

➦ https://williamrmiller.net/

➦ https://www.stephenrollnick.com/

Interessant ist auch die folgende Homepage. Hier tauscht sich ein Zusammenschluss aus zertifizierten Trainern aus über 40 Ländern untereinander aus. Auf dieser Seite findet man jede Menge Informationen sowie auch Hinweise über neueste Forschungsergebnisse:

➦ https://motivationalinterviewing.org/

Außerdem findet in unregelmäßigen Abständen mit der ICMI (International Conference on Motivational Interviewing) eine internationale Konferenz statt, auf der sich MI-Experten und Praktizierende gegenseitig informieren und austauschen. Informationen über Termin und Ort findet man im Internet.

Um die eigene Anwendung der MI-Methoden objektiv zu beurteilen, gibt es zwei „Coding"-Instrumente:

- MISC: Motivational Interviewing Skill Code
- MITI: Motivational Interviewing Treatment Integrity

Motivational Interviewing Skill Code (MISC)

Der *Motivational Interviewing Skill Code (MISC)* (Miller et al., 2003) ist ein Kodierungssystem zur Bewertung der Fähigkeiten und Techniken, die Berater in einer Sitzung des *Motivational Interviewing (MI)* anwenden, an dem William Miller, einer der beiden Entwickler der MI-Methode, selbst mitgewirkt hat. Das Manual kann u. a. auf der oben genannten Homepage des *Motivational Interviewing Network of Trainers (MINT)* abgerufen werden. Es dient dazu, die Effektivität und Qualität der MI-Interventionen genauer zu erfassen und zu verbessern, indem sowohl das Verhalten des Beraters als auch die Reaktionen des Klienten systematisch analysiert werden.

MISC bewertet eine Vielzahl an Aspekten, darunter die Art und Häufigkeit von Fragen, Aktivem Zuhören und die Art von Sprache, die den Klienten zur Veränderung motivieren soll (*Change-Talk*), im Vergleich zu Aussagen, die den Status quo unterstützen (*Sustain-Talk*).

Diese Codierung erfolgt durch die detaillierte Analyse und Bewertung von aufgezeichneten Beratungssitzungen, um ein umfassendes Profil des Beratungsstils und dessen Auswirkungen zu erstellen. Die Ergebnisse helfen dabei, Bereiche zu identifizieren, in denen der Berater seine MI-Techniken optimieren kann, und tragen gleichzeitig zur Forschung über die Wirksamkeit von MI in unterschiedlichen Kontexten bei.

Die folgenden Vorgaben sind laut Miller et al. (2003) möglichst einzuhalten, um ein gutes Beratungsergebnis zu erzielen:

- Die Redezeit des Beraters sollte idealerweise weniger als 50 % betragen. Im Gegenzug bedeutet dies, dass der Klient mehr als die Hälfte der Redezeit haben sollte.
- Der Anteil aller MI-konsistenten Methoden sollte über 90 % betragen (MI konsistente Methoden sind die hier vorgestellten Methoden, wenn sie mit der MI-konformen Grundhaltung eingesetzt werden).
- Von allen Fragen, die insgesamt eingesetzt werden, sollten im Idealfall mehr als 70 % offene Fragen sein.
- Innerhalb von 10 min sollte der Berater idealerweise mindestens 15-mal die Methode des aktiven Zuhörens anwenden.
- Aktives Zuhören sollte zu Fragen im Verhältnis 2:1 stehen.

Motivational Interviewing Treatment Integrity (MITI)

Das *Motivational Interviewing Treatment Integrity (MITI) Coding Manual* (Moyers et al., 2014) ist ebenfalls ein strukturiertes Instrument zur Bewertung und Verbesserung der Qualität von MI. Es kann auf der oben genannten Homepage des *Motivational Interviewing Network of Trainers (MINT)* abgerufen werden.

Es wurde entwickelt, um sicherzustellen, dass MI konsistent und methodisch korrekt angewendet wird und dient der Analyse und Verbesserung der Beratungstechnik durch die Codierung und Bewertung der Verhaltensweisen von Beratern.

Wie funktioniert das MITI?

Für die Codierung gibt es ein spezielles Codierungshandbuch. Mittels der darin vorgegebenen Codierungsrichtlinien wird die Einhaltung der MI-Prinzipien durch Beobachtung von 20-minütigen aufgezeichneten oder live durchgeführten Beratungssequenzen bewertet. Die Bewertung erfolgt in der Regel auf zwei Hauptebenen:

1. **Globale Einschätzungen**: Mit dieser Einschätzung wird die Haltung des Beraters in seiner Gesamtheit auf einer Skala von 1–5 bewertet. Dabei erfolgt die Bewertung jeweils anhand von verschiedenen Dimensionen, die im MI wichtig sind, wie Empathie, Zusammenarbeit und der Fähigkeit, Change-Talk beim Klienten hervorzurufen. Diese Einschätzungen geben einen Überblick darüber, wie sehr der Berater den Prinzipien des MI entspricht.
2. **Verhaltenszählungen**: Hierbei wird gezählt, wie oft bestimmte MI-Techniken wie offene Fragen, Bestätigungen und aktives Zuhören vom Berater verwendet werden. Ein Beispiel hierfür ist das Verhältnis von aktivem Zuhören zu offenen Fragen, welches Aufschluss darüber gibt, wie stark der Berater MI-konsistente Strategien anwendet. Auch MI-inkonsistentes Verhalten wird gezählt.

Zusätzlich wird der Unterschied zwischen MI-konsistentem und MI-inkonsistentem Verhalten analysiert, um die allgemeine Treue zur Methode festzustellen. Die Ergebnisse dieser Codierung werden auf einem Auswertungsbogen festgehalten und geben eine quantitative Übersicht über die „MI-Performance". Ebenso heben sie Bereiche hervor, die verbessert werden können.

Das MITI-Codierungshandbuch wird sowohl in der Praxis als auch in der Forschung verwendet und hilft dabei, die Qualität der MI-Interventionen zu standardisieren und zu verbessern, sodass Klienten durch konsistente, wirksame Beratung besser motiviert werden können, Veränderungen in ihrem Leben zu erreichen.

Literatur

Armstrong, M. J., Mottershead, T. A., & Ronksley, P. E. (2011). Motivational Interviewing to improve weight loss in overweight and/or obese patients: A systematic review and meta-analysis of randomized controlled trials. *Obesity Reviews, 12*(9), 709–723. https://doi.org/10.1111/j.1467-789X.2011.00892.x

Bischof, G., Bischof, A., & Rumpf, H. J. (2021). Motivierende Gesprächsführung: Ein evidenzbasierter Ansatz für die ärztliche Praxis. *Deutsches Ärzteblatt, 118*, 109–115. https://doi.org/10.3238/arztebl.m2021.0014

Cushing, C. C., Jensen, C. D., Miller, M. B., & Leffingwell, T. R. (2014). Meta-analysis of motivational interviewing for adolescent health behavior: Efficacy beyond substance use. *Journal of consulting and clinical Psychology, 82*(6), 1212–1218. https://doi.org/10.1037/a0036912

Diallo, A., Fonseca, L., & Holland, D. (2021). Preliminary evidence on combined cognitive behavioral therapy and motivational interviewing intervention efficacy to improve employment motivation for persons with intellectual disability. *The Australian Journal of Rehabilitation Counseling, 27*(2), 102–109. https://doi.org/10.1017/jrc.2021.8

Diallo, A., Fonseca, L., Holland, D., & Kaya, C. (2023). A follow-up of a modified brief cognitive behavioral therapy and motivational interviewing intervention efficacy in tandem to improve employment motivation for persons with intellectual disability. *Journal of Rehabilitation, 89*(1), 17–27. https://doi.org/10.1017/jrc.2021.8

DiClemente, C. C., Corno, C. M., Graydon, M. M., Wiprovnick, A. E., & Knoblach, D. J. (2017). Motivational interviewing, enhancement, and brief interventions over the last decade: A review of reviews of efficacy and effectiveness. *Psychology of Addictive Behaviors, 31*(8), 862–887. https://doi.org/10.1037/adb0000318

Frielink, N., & Embregts, P. J. (2013). Modification of motivational interviewing for use with people with mild intellectual disability and challenging behavior. *Journal of Intellectual & Developmental Disability, 38*(4), 279–291. https://doi.org/10.3109/13668250.2013.809707

Frielink, N., Schuengel, C., Kroon, A., & Embregts, P. J. (2015). Pretreatment for substance-abusing people with intellectual disabilities: Intervening on autonomous motivation for treatment entry. *Journal of Intellectual ability Research, 59*(12), 1168–1182. https://doi.org/10.1111/jir.12221

Lundahl, B., Kunz, C., Brownell, C., Tollefson, D. & Burke, B. (2010). A Meta-Analysis of Motivational Interviewing: Twenty-Five Years of Empirical Studies. Research on Social Work Practice – RES SOCIAL WORK PRAC. 20. 137–160. https://doi.org/10.1177/1049731509347850.

Melanie A., Barwick Lindsay M., Bennett Sabine N., Johnson Jessie, McGowan Julia E., Moore (2012) Training health and mental health professionals in motivational interviewing: A systematic review Children and Youth Services Review, *34*(9), 1786–1795. https://doi.org/10.1016/j.childyouth.2012.05.012

Mendel, E., & Hipkins, J. (2002). Motivating learning disabled offenders with alcohol-related problems: A pilot study. *British Journal of Learning Disabilities, 30*(84), 153–158. https://doi.org/10.1046/j.1468-3156.2002.00209.x

Miller, W. R., & Rollnick, S. (2015). *Motivierende Gesprächsführung* (3. Aufl.). Lambertus.

Miller, W. R., Moyers, T. B., Ernst, D., & Amrhein, P. (2003). *Manual for the motivational interviewing skill code (MISC).*

Moyers, T. B., Manuel, J., & Ernst, D (2014). *Motivational Interviewing treatment integrity coding manual 4.2.1.*

Palacio, A., Garay, D., Langer, B., Taylor, J., Wood, B. A., & Tamariz, L. (2016). Motivational Interviewing improves medication adherence: A systematic review and meta-analysis. *Journal of General Internal Medicine, 31*(8), 929–940. https://doi.org/10.1007/s11606-016-3685-3

Prouty, G., Pörtner, M., & Van Werde, D. (1998). *Prä-Therapie*. Klett-Cotta.

Rose, J., & Walker, S. (2000). Working with a man with prader willi syndrome and his support staff using motivational principles. *Behavioral and Cognitive Psychotherapy, 28*(3), 293–302. https://doi.org/10.1017/S135246580000309X

Rubak, S., Sandboek, A., Lauritzen, T., & Christensen, B. (2005). Motivational interviewing: A systematic review and meta-analysis. *British Journal of General Practice, 55*, 305–312.

Vasilaki, E. I., Hosier, S. G., & Cox, W. M. (2005). The efficacy of motivational interviewing as a brief intervention for excessive drinking: A meta-analytic review. *Alcohol & Alcoholism, 41*(3), 328–335. https://doi.org/10.1093/alcalc/agl016

Zomahoun, H. T., Guénette, L., Grégoire, J. P., Lauzier, S., Lawani, A. M., Ferdynus, C., Huiart, L., & Moisan, J. (2016). Effectiveness of motivational interviewing interventions on medication adherence in adults with chronic diseases: A systematic review and meta-analysis. *International Journal of Epidemiology, 46*(2), 589–602. https://doi.org/10.1093/ije/dyw273

Glossar

Tab. MI-Begriffe im englischen Original und der deutschen Übersetzung/Definition. Aufgelistet nach der Reihenfolge des Erscheinens im Buch.

Englischer Originalbegriff	Deutsche Adaption
Motivational Interviewing	Motivierende Gesprächsführung
Engaging	Beziehungsaufbau (1. Prozessphase)
Target Behavior	Zielverhalten (das zu verändernde Verhalten)
Focusing	Themenauswahl (2. Prozessphase)
Evoking	Erwecken (der Veränderungsmotivation) (3. Prozessphase)
Change Talk	Veränderungsaussagen
Sustain Talk	Zustands-Erhaltungsaussagen
Confidence Talk	Aussagen, die eine änderungsbezogene Zuversicht beinhalten
Commitment Talk	Aussagen zur Selbstverpflichtung
Planning	Planung (4. Prozessphase)

B. Metzger, *Motivierende Gesprächsführung bei Menschen mit Intelligenzminderung*, https://doi.org/10.1007/978-3-662-70837-8

FSC
www.fsc.org
MIX
Papier | Fördert
gute Waldnutzung
FSC® C083411

Kolibri 360 GmbH
Ferdinand-Jühlke-Straße 7
99095 Erfurt, Deutschland
produktsicherheit@kolibri360.de